AF453082

ESSAI

SUR

L'ART DE POINTER

TOUTE ESPÈCE D'ARME A FEU.

ESSAI

SUR

L'ART DE POINTER

TOUTE ESPÈCE D'ARME A FEU,

ET PARTICULIÈREMENT

LES PIÈCES DE CAMPAGNE;

dédié

A M. le Baron PERNETY,

Lieutenant général, Inspecteur général au Corps Royal de l'Artillerie, Chef de la 6e Division du Ministère de la guerre.

PAR M. POUMET,

Capitaine au Corps Royal de l'Artillerie.

~~~c00~~~

PARIS,

Chez { MAGIMEL, ANSELIN et POCHARD, Libraires pour l'Art militaire, rue Dauphine, n° 9; Mme veuve COURCIER, Libraire pour les Mathématiques, quai des Augustins, n° 57.

—

1816.
~~~

A MONSIEUR

LE BARON PERNETY,

LIEUTENANT GÉNÉRAL,

INSPECTEUR GÉNÉRAL AU CORPS ROYAL
DE L'ARTILLERIE,

CHEF DE LA 6ᵉ DIVISION DU MINISTÈRE DE LA GUERRE.

MON GÉNÉRAL,

L'OBJET principal de cet Essai a déjà mérité l'attention des Officiers les plus distingués. M. de Valière, directeur général de l'artillerie, a fait connoître lui-même les défauts de la hausse mobile fixée à la culasse des pièces, et il s'est opposé à ce qu'elle fût mise en usage. Il a fait voir surtout qu'elle détermine une ligne de mire fausse, lorsque l'une des deux

a.

roues de la pièce est plus basse que l'autre. M. de Gribeauval, pour répondre à cette objection, a remarqué alors que l'on devoit toujours choisir la position la plus horizontale possible pour mettre une pièce en batterie, et que dans le cas où le terrain ne permettroit pas de placer les deux roues à peu près de même niveau, il seroit facile d'y remédier, en ôtant quelques pellerées de terre du côté de la roue la plus élevée. M. de Valière n'a pas jugé ce moyen satisfaisant; il demandoit d'ailleurs, pour se servir de ses propres expressions, des règles de pointage tirées de la saine géométrie, et il est parvenu à faire rejeter la hausse ; mais, après son décès, M. de Gribeauval l'a fait adopter lorsqu'il a été nommé pour le remplacer dans la direction générale de l'artillerie. Cependant la question est restée jusqu'à présent dans le même état : chercher enfin à la résoudre à l'aide de la simple analyse, suivant les intentions de M. de Valière, tel est, mon général, le travail dont je vous adresse les résultats, et que j'ai cru du devoir d'un Officier qui n'a d'autre désir que celui d'être utile ; et en honorant de votre indulgence cette foible production, et en permettant qu'elle paroisse sous votre nom, vous m'accordez la récompense la plus conforme à mes goûts.

Puisse cette marque de votre bienveillance engager des Officiers plus instruits à vous dédier des ouvrages plus dignes des qualités éminentes qui vous distinguent, et qui vous ont fait choisir par SA MAJESTÉ pour vous confier le poste important que vous occupez.

J'ai l'honneur d'être, avec le plus profond respect,

MON GÉNÉRAL,

Votre très-humble et très-obéissant serviteur,

POUMET.

Le lieutenant général, inspecteur général au Corps Royal de l'Artillerie, chef de la 6ᵉ Division du Ministère de la guerre,

A M. POUMET,

Capitaine au Corps Royal de l'Artillerie.

J'accepte, Monsieur, votre *Essai sur l'art de pointer*. Il prouve des connoissances théoriques et pratiques en artillerie, et que vous savez employer utilement les loisirs de la paix. Je verrai toujours avec une véritable satisfaction le zèle et les travaux des officiers pour ce qui peut contribuer à l'instruction du Corps et aux progrès de l'Arme. C'est sous ce rapport que je vous remercie, et que vos succès auront surtout du prix à mes yeux.

J'ai l'honneur de vous saluer avec une parfaite estime.

Bᵒⁿ Pernety.

AVANT-PROPOS.

—

Cᴇᴛ Essai est divisé en trois parties, et chaque partie en articles.

La première partie renferme l'idée générale de la théorie du tir des armes à feu, le précis des principes actuels pour pointer une pièce de canon, et les discussions qui ont eu lieu sur les différentes manières de déterminer la ligne de mire.

La deuxième partie présente l'examen exact des avantages et des défauts des visières, des boutons de mire et de la hausse mobile, fixée à la culasse ; l'art de pointer les pièces de campagne sur un terrain quelconque, comme une conséquence des sections coniques ; l'influence de l'inclinaison de la ligne de mire, par rapport à l'horizontale, sur le tir des armes à feu en général, et enfin les applications des principes du tir des pièces de campagne aux armes à feu portatives, fusils d'infanterie, de chasse, pistolets, carabines, etc., et les règles qui en résultent pour tirer juste avec chacune de ces armes.

La troisième partie est composée du précis du tir des bouches à feu de siége.

On a cru devoir laisser exister l'unité de mesure comme elle étoit lorsqu'on a construit les tables de tir, et on a donné, en conséquence, toutes les dimensions telles qu'elles ont été mesurées en toises et en mètres, selon l'époque où les expériences ont été faites. Enfin on a imaginé les *cônes de mire* pour faire voir avec précision les avantages et les défauts de toutes les lignes de mire qui servent à diriger le tir des armes à feu, et particulièrement pour compléter l'art de pointer les pièces de campagne sur un terrain quelconque, à l'aide de la hausse mobile fixée à la culasse ; les principes qui ont été donnés jusqu'à ce jour pour cette partie de la théorie générale du tir des bouches à feu, étant inexacts pour le cas qui se présente le plus fréquemment, et où l'une des deux roues de la pièce est plus élevée que l'autre.

ERRATA.

Page 1, *lign.* 6, ce, *lis.* le

—— 3, *lign.* 28, ce, *lis.* le

—— 5, *lign.* 25, BHI:1, *lis.* B4III

—— 10, *lign.* 24, G, *lis.* h

—— 12, *lign.* 21, bords, *lis.* bonds

Même page, *lign.* 28, au-dessus, *lis.* au-dessous

—— 14, *lign.* 5 et 6, n'est pas certain, *lis.* est certain

—— 61, *lign.* 21, un, *lis.* une

—— 68, *lign.* 8, Br', *lis.* Rr'

—— 78, *lign.* 15, de ces lignes, *lis.* de ses lignes

—— 94, *lign.* 13, de, *lis.* des

—— 95, article 26, *lign.* 5, ne les a déterminées, *lis.* n'a déterminé les portées

—— 96, *lign.* 7, rectangle, *lis.* parallélogramme

Même page, *lign.* 10, rectangle, *lis.* parallélogramme

ESSAI

ESSAI
SUR L'ART DE POINTER
TOUTE ESPÈCE D'ARME A FEU.

PREMIÈRE PARTIE.

1. La théorie générale du tir des armes à feu est l'art de lancer, à l'aide de ces armes, sur un point déterminé, le projectile qui leur correspond. Elle consiste :

1°. A donner la force motrice ;

2°. A déterminer la ligne que suit ce projectile ;

3°. Enfin à diriger l'arme de manière à frapper le point déterminé, ce qui constitue l'art de pointer.

Ces trois parties bien distinctes de la théorie générale du tir sont communes à toutes espèces d'armes. Les anciens ont épuisé tout ce que l'esprit de recherche et de perfection a pu leur suggérer pour atteindre le but proposé, à l'aide des machines en usage dans leur temps.

Depuis la découverte de la poudre, les modernes ont également donné de la manière la plus satisfaisante les moyens de fournir la force motrice, et la poudre a maintenant un degré de perfection qui suffit pour ses usages ordinaires.

On a expliqué de même, à l'aide de la chimie moderne, le phénomène de l'explosion de la charge dans l'intérieur de l'arme, et les effets qui en résultent.

Le calcul a fait aussi connoître, pour un milieu déterminé, la nature de la ligne que suit le projectile hors de l'arme à feu qui a servi à le lancer; et, pour une même poudre et un même milieu, la théorie nouvelle ne laisse rien à désirer : mais comme on ne peut évaluer la densité de l'air d'une manière exacte, cette théorie devient presque nulle dans la pratique, et ne peut être appliquée au tir ordinaire des armes à feu. On est obligé d'avoir recours à l'expérience, et de déterminer ainsi la position approchée des principaux points de la trajectoire.

Nous ne dirons donc rien sur les deux premières parties, qui ont été épuisées par les savans de toutes les nations. Nous nous exposerons seulement à donner nos idées sur la troisième partie, ou l'art de pointer, et nous nous proposerons principalement d'établir des principes généraux qui puissent servir de guide et de règle de pointage au simple canonnier en campagne pour diriger sa pièce sur un terrain quelconque, et dont les applications puissent également servir au soldat d'infanterie et au cavalier à mettre en joue son fusil, sa carabine, son pistolet, et de la manière la plus avantageuse. Nous ferons connoître d'abord, dans la première partie de cet Essai, l'état du tir actuel des pièces de campagne et les discussions qui ont eu lieu sur les diverses manières de pointer.

Précis des principes du tir, enseignés actuellement pour pointer une pièce de canon.

2. « Pointer une pièce, c'est la diriger, c'est l'in-
» cliner de manière que le boulet puisse frapper
» l'objet que l'on veut atteindre.

» Diriger une pièce, c'est la placer de manière
» que l'œil du pointeur et les points les plus
» élevés de la plate-bande de la culasse et du
» renflement du bourlet de la volée soient dans
» une même ligne droite avec l'objet que le bou-
» let doit frapper. Cette ligne se nomme ligne de
» mire. On indiquera plus bas la manière d'in-
» cliner convenablement la pièce pour frapper le
» but que l'on veut atteindre. '

» L'axe du canon est une ligne droite qui
» passe par le milieu de l'âme, suivant le sens de
» la longueur ou la ligne droite que suivroit le
» milieu du boulet, s'il n'y avoit pas de vent ou
» de vide entre ce boulet et les parois de la pièce.

» La ligne de mire, par laquelle on vise au but,
» doit toujours passer par les points les plus
» élevés de la plate-bande de la culasse et du
» plus grand renflement du bourlet de la volée,
» afin que, d'à-plomb au-dessus de l'axe, elle
» soit dans le plan vertical où se fait ce mouve-

» ment du boulet. Cette situation est indispen-
» sable pour bien diriger le canon, et toute autre
» ligne ne pourroit être une ligne de mire.

» Si une pièce étoit placée sur un terrain de
» niveau, et que les deux roues ne fussent pas
» plus élevées l'une que l'autre, la ligne de mire
» passeroit alors par la visière de la plate-bande,
» au-dessus de la lumière et par le bouton de mire
» du bourlet : de sorte que deux de ces trois
» points pourroient servir à établir la ligne de
» mire, et à donner la direction au canon; mais
» si ce terrain n'étoit pas de niveau, une roue se
» trouveroit plus élevée que l'autre, et la ligne
» dirigée par les deux points ci-dessus ne seroit
» plus la ligne de mire, et si on s'en servoit pour
» pointer, le boulet iroit à droite si l'affût pen-
» choit du côté droit, et à gauche si la roue de
» gauche étoit la plus basse. Alors il est essentiel
» de diriger le canon en faisant passer la ligne de
» mire par les points les plus élevés de la culasse
» et du bourlet, sans avoir égard à ceux qui y
» sont marques, et on choisira autant que pos-
» sible le terrain le plus de niveau pour placer
» le canon.

» Le canonnier qui est aux leviers de pointage
» est très-bien placé pour donner la direction de
» la pièce : il faut pour cela, comme il a été dit
» plus haut, que son œil et les points les plus
» élevés de la plate-bande de la culasse et du
» renflement du bourlet soient dans une même

» ligne droite avec l'objet que le boulet doit
» frapper. La justesse de la direction dépend
» essentiellement de cet alignement ; mais ce n'est
» pas assez pour que le boulet atteigne l'objet
» que l'on veut battre, il faut de plus donner à
» la pièce une inclinaison convenable : c'est à
» quoi on parviendra en examinant la situation
» de la ligne de mire à l'égard de l'axe de la
» pièce et de la ligne que décrit le boulet. (*Fig.* 1,
» *planche I.*)

» L'axe de la pièce prolongé indéfiniment seroit
» le chemin que suivroit le boulet, toujours avec
» la même vitesse, s'il n'étoit pas soumis à l'ac-
» tion de la pesanteur et à la résistance de l'air ;
» mais le poids du boulet, combiné avec cette
» résistance, change à chaque instant sa direc-
» tion et sa vitesse. En sortant de l'âme de la
» pièce, ce projectile quitte la direction de l'axe.
» Il s'en éloigne d'abord insensiblement, et en -
» suite de plus en plus, à mesure que sa vitesse
» diminue, et il décrit de cette façon une ligne
» courbe, qui, dans toute son étendue, est au-
» dessous de l'axe prolongé de la pièce, mais
» toujours dans le même plan vertical. Cette
» ligne courbe B H I H se nomme ligne de tir
» ou trajectoire.

» Comme le diamètre F L à la plate-bande de
» la culasse est plus grand que le diamètre G N
» du renflement de la volée, la ligne de mire
» F G C H, qui passe par les extrémités supé-

» rieures de ces diamètres est nécessairement in-
» clinée sur l'axe de la pièce, et doit le rencontrer
» sur un point C, distant de la bouche du canon
» d'environ

$$24 \text{ pieds la pièce de } 12.$$
$$21 \ldots \textit{idem} \ldots 8.$$
$$16\tfrac{1}{2} \ldots \textit{idem} \ldots 4.$$

» Passé cette distance, la ligne de mire va
» toujours en baissant et en s'écartant de plus en
» plus de l'axe prolongé : d'après les notions
» données ci-dessus de la ligne de tir, on voit
» que cette ligne doit rencontrer la ligne de mire
» en un point H, beaucoup plus éloigné de la
» pièce. Ce deuxième point de rencontre de la
» ligne de mire avec la ligne de tir est surtout
» essentiel à considérer ; on le nomme but en
» blanc, et sa distance au canon est ce qu'on
» appelle portée de but en blanc.

» On pourroit de même appeler but en blanc
» le premier point de rencontre h de ces deux
» lignes ; mais il n'est d'aucun usage dans la pra-
» tique.

» La table suivante indique les différentes por-
» tées de but en blanc, la charge étant au tiers
» du poids du boulet, et la poudre portant le
» globe de l'éprouvette à 120 toises.

Table Iere.

CALIBRES.	PORTÉES DU BUT EN BLANC.
24 . . .	. . . . 348 toises.
16 . . .	. . . . 315 »
12 . . .	. . . . 276 »
8 . . .	. . . . . . 264 »
4 . . .	. . . . 259 »

» Pointer une pièce de but en blanc, c'est
» l'incliner de manière que la ligne de mire aille
» passer par le point même qu'on veut atteindre ;
» ce qui a lieu lorsque ce point est celui où la
» ligne de tir coupe la ligne de mire pour la
» seconde fois : ainsi le canon A B est pointé de
» but en blanc sur l'objet H par la ligne de mire
» F G C H ; donc, si la distance du but au canon
» est une de celles qui se trouvent dans la table
» ci-dessus, il faudra pour l'atteindre pointer de
» but en blanc avec le calibre qui correspond à
» cette distance : par exemple, si l'objet que l'on
» veut frapper est éloigné de 259 toises, c'est en
» pointant une pièce de 4 de but en blanc qu'on
» l'atteindra.

» Si l'objet à battre se trouvoit en un point K
» plus éloigné que le but en blanc H, et que la
» pièce restât pointée de la même manière, le

» boulet tomberoit nécessairement toujours en H,
» et passeroit ensuite au-dessous de la ligne de
» mire, et par conséquent au-dessous du point K,
» qui est sur cette ligne. Pour qu'il pût toucher
» ce point, il faudroit élever la ligne de tir en
» baissant la culasse, au moyen de la vis de poin-
» tage ; mais alors la ligne de mire ne rencontre-
» roit plus le point K, et on cesseroit de le voir ;
» ce qui rendroit le tir trop incertain. Pour faire
» disparoître cet inconvénient, il faudroit un
» moyen de diriger, dans tous les cas possibles,
» la ligne de mire sur l'objet à battre. On a
» inventé, à cet effet, la hausse, que l'on a ainsi
» nommée, parce qu'elle sert à hausser la ligne
» de mire du côté de la culasse, et qu'elle donne
» le moyen de pointer sur l'objet en élevant le

Fig. 2,
pl. I.

» coup : et il ne s'agit plus alors que de savoir le
» nombre de lignes de hausse qu'on doit em-
» ployer relativement aux distances du but à la
» batterie : on le trouvera dans les tables sui-
» vantes, que l'expérience a déterminées pour les
» cartouches à boulets, et pour les cartouches à
» grosses et à petites balles.

Table pour les cartouches à boulet.

Table II*.

Qualité de la poudre.	Distances du but.	Lignes de hausse pour le calibre de		
		12	8	4
Poudre portant le globe de l'éprouvette à 120 toises.	3oo toises.	2	2	3
	35o	6	6	6
	4oo	10	10	9
	45o	14	14	13
	5oo	18	18	17

Table pour les cartouches à balles.

Table III*.

	Canons de		
	12	8	4
Charges livres	4 3/4	2 3/4	1 1/4
Distance à laquelle on peut tirer la grande cartouche . .	4oo toises.	35o toises.	3oo toises
idem, petite cartouche. . .	5oo *id.*	25o *id.*	2oo *id.*
Lignes de hausse qu'on doit donner à . . . . 400 tois.	2o lignes.	24 lignes.	
Grandes cartouches à { 35o *id.*	12 *id.*	15 *id.*	5o lignes.
3oo *id.*	6 *id.*	9 *id.*	18 *id.*
25o *id.*	»	»	5 *id.*
Petites cartouches à { 3oo *id.*	18 *id.*	»	»
25o *id.*	6 *id.*	6 *id.*	12 *id.*
2oo *id.*	3 *id.*	6 *id.*	6 *id.*

» La ligne de mire F G C H, donnée par le
» canon sans employer la hausse, se nomme
» ligne de mire naturelle, et le but en blanc H
» qui en résulte se nomme but en blanc naturel.
» La ligne de mire N G C H, donnée par la
» hausse, se nomme ligne de mire artificielle, et
» le but en blanc qu'elle donne, but en blanc
» artificiel.

» Dans le cas où le point à battre se trouve
» entre les deux points d'intersection de la ligne
» de mire naturelle avec la ligne de tir appelée
» trajectoire, on voit, à l'aide de la figure 1ere, que
» le boulet passe au-dessus de l'objet, et qu'il
» faut par conséquent pointer plus bas que le
» point à battre, pour frapper l'objet.

» La quantité dont il faut pointer plus bas
» dépend, comme pour les autres cas, de la dis-
» tance de ce point à la pièce.

» La figure 1ere fait voir également que dans
» la portion de la ligne de tir comprise entre les
» deux buts en blanc, il existe un point plus
» élevé que les autres au-dessus de la ligne de
» mire : ainsi, lorsque l'objet à battre est situé
» entre les deux buts H et G, il y a une distance
» à laquelle on doit pointer plus bas qu'à toutes
» les autres. Cette distance, comme on le verra
» dans la table suivante, est un peu plus grande
» que la moitié de la portée au but en blanc na-
» turel de la pièce : ainsi, depuis la distance
» du premier but en blanc h, en s'approchant

» de l'objet à battre, on pointera de plus en
» plus bas jusqu'à une distance un peu plus
» grande que la moitié de celle du but en blanc
» naturel, où l'on pointera le plus bas possible ; et
» au-delà de cette distance on commencera à
» pointer de plus haut en plus haut jusqu'à ce
» qu'étant arrivé à la distance du but en blanc on
» pointera directement sur l'objet.

» La table suivante fait connoître de combien
» il faut pointer plus bas que l'objet à battre,
» relativement à sa distance de la pièce, lorsqu'il
» est entre les deux buts en blanc.

Table IVe.

Qualité de la poudre.	Distance du but à la pièce.	Quantité dont il faut pointer plus bas que le but avec la pièce de		
		12	8	4
Poudre portant le globe de l'éprouvette à 120 toises.	240 toises.	3	3	2
	200	6	6	5
	175	7	7	7
	150	8	8	7
	125	7	7	7
	100	6	6	6
	75	»	»	5

» On distingue trois manières de tirer le canon :
» la première, à toute volée ; la deuxième, à rico-
» chets ; et la troisième, à plein fouet.

» 1°. A toute volée lorsqu'on tire le canon
» avec la plus forte charge réglée pour son ca-
» libre et sous le plus grand angle d'élévation
» qu'il puisse avoir sur son affût, c'est-à-dire
» lorsque la vis de pointage est baissée le plus
» possible.

» 2°. A ricochets, lorsqu'on tire avec de petites
» charges et sous des angles de 6 à 8 degrés au-
» dessus de l'horizontale, de manière que les
» angles de chute soient très-petits et de 10 degrés
» environ, et que le projectile arrive sur les
» points les plus près de l'objet qu'on veut battre,
» et le parcoure ensuite en bondissant. Plus
» l'angle de chute est petit, et plus les ricochets
» sont abaissés, allongés et multipliés. Ce tir est
» surtout employé lorsqu'on veut prendre le
» rouage d'une batterie, enfiler la face d'un ou-
» vrage de fortification et battre toute la longueur
» d'une colonne.

3°. De plein fouet, lorsque le boulet frappe
» l'objet qu'on veut atteindre sans bords ni rico-
» chets.

Du tir de l'obusier.

» Les obusiers ayant leur diamètre au bourlet,
» égal et même plus grand que leur diamètre à la
» culasse, n'ont point de but en blanc naturel.
» La ligne de tir B I H est dans toute sa longueur
» au-dessus de la ligne de mire F G D : il faut
» donc, pour cette arme, se procurer pour toutes

» les distances une ligne de mire artificielle
» & G C H au moyen de la hausse, ou bien d'a-
» bord viser au but, et donner ensuite à l'obusier,
» au moyen du quart de cercle, l'inclinaison
» convenable pour atteindre ce but. (*Fig.* 3.)

» Le canon peut également se pointer, comme
» l'obusier, au moyen du quart de cercle ; mais
» cette méthode n'est employée que pour le canon
» de siége ou de place, dont le tir n'exige pas
» beaucoup de célérité ; on se sert surtout de ce
» moyen pour les batteries à ricochets.

Table du tir de l'obusier.

Table V^e.

Qualité de la poudre.	Distances du but.	Hausses pour les calibres de				Observations.
		8 pouces.		6 pouces.		
Poudre portant l'éprouvette à 120 toises.	40 toises.	0 p.	8 lig.	0 p.	4 lig.	Il est facile, au moyen de cette table, de connoître les hausses qu'il faudra donner pour obtenir les mêmes portées avec de la poudre de qualité différente.
	50	0	9	0	4	
	60	0	11	0	5	
	70	1	1	0	6	
	80	1	2	0	7	
	90	1	4	0	7	
	100	1	6	0	8	
	120	1	10	0	10	
	140	2	2	0	11	
	160	2	6	1	1	
	180	2	10	1	2	
	200	3	2	1	4	
	220	3	6	1	6	
	240	3	11	1	8	
	260	4	4	1	10	
	280	4	9	2	0	
	300	5	2	2	2	

3. Tels sont les principes donnés jusqu'à ce jour pour diriger le tir des pièces de campagne.

Cette théorie ne laisse rien à désirer lorsque la pièce est sur un terrain horizontal ou sur une plate-forme, et dans nos écoles le canonnier n'est pas certain d'obtenir des coups satisfaisans pour les usages ordinaires de l'artillerie s'il ne dirige le boulet sur le but même : le point de mire du bourlet et la hausse mobile fixée à la culasse lui servent alors de guides fidèles pour diriger ses coups.

Ces principes pourroient encore servir à pointer d'une manière exacte une pièce de campagne sur un terrain d'une inclinaison quelconque d'une roue à l'autre, si l'on pouvoit déterminer exactement d'un coup d'œil les points les plus élevés de la plate-bande de la culasse et du plus grand renflement du bourlet, et placer une hausse mobile pour les portées au-delà du but en blanc, de manière à obtenir une ligne de mire vraie pour toutes les positions de la pièce ; mais l'expérience prouve que le canonnier le plus habile se trompe toujours dans la recherche des points les plus élevés, et que les erreurs deviennent d'autant plus considérables, que l'objet s'éloigne au-delà du but en blanc ; et M. de Gribeauval n'a ordonné le rétablissement des visières et des boutons de mire supprimés en 1732, que parce qu'il étoit persuadé de cette vérité. Il s'exprime ainsi lui-même :

« On a supprimé les visières et les boutons de mire

» sous prétexte que, quand les rouages ne sont pas
» de niveau, les points fixes indiquent une fausse
» direction, et pour y remédier le canonnier doit,
» dit-on, prendre d'un coup d'œil les points les
» plus élevés de la culasse et de la tulipe. Cela
» est aisé à dire; mais il n'est pas aisé de déter-
» miner d'un seul coup d'œil avec précision les
» points saillans sur deux grands cercles distans
» l'un de l'autre de huit à dix pieds, et de les
» conserver jusqu'à ce qu'on les voie rassemblés
» sur l'objet. Le canonnier devroit faire d'un
» coup d'œil ce qu'un ouvrier a peine à bien
» faire dans son atelier avec le niveau et la règle. »

4. Il imagina ensuite la hausse mobile pour tirer
au-delà du but en blanc; il en détermina la
longueur pour pointer jusqu'à la distance de
cinquante toises, où les coups ont encore des
effets importans, et qu'il adopta pour limite
d'après les expériences réitérées qu'il fit faire.
Il divisa cette hausse en lignes correspondantes
aux distances intermédiaires, et il la fixa à la
culasse, parce qu'il étoit aussi convaincu par la
pratique que les erreurs que le canonnier commettoit à l'aide d'une ligne de mire fixe, lui
servoient en général à corriger les coups suivans; tandis que celles qui naissoient de la
fausse détermination des points les plus élevés de
la culasse et du bourlet, ne pouvoient lui offrir
aucun point de comparaison; qu'il n'avoit alors
aucun guide pour profiter des coups précédens

et approcher autant que possible du tir exact; qu'il arrivoit de là qu'après plusieurs coups d'épreuve il ne pouvoit décider si les erreurs dans la direction provenoient de l'égarement de son œil sur les cercles de la pièce, ou si les véritables points saillans n'avoient point été dérangés par quelque choc dans les manœuvres ou transports : la moindre pression jetant le point saillant à deux ou trois lignes à droite ou a gauche, au lieu qu'avec une ligne de mire fixe, si la pièce porte trois pieds à droite ou à gauche, il est sûr de la rectifier en pointant à trois pieds du côté opposé, et il a toujours un point fixe et bien apparent, d'où il part pour se rectifier, en supposant même que la ligne de mire soit mal placée : par conséquent, les erreurs qui peuvent être produites par ce moyen de pointer, sont de moindre importance que celles qui naissent de la fausse estimation des points saillans; ainsi ce dernier procédé pour diriger la pièce a été rejeté et remplacé par les boutons de mire, les visières, et la hausse mobile, fixée à la culasse.

5. Cette innovation dans le tir, et en général la nouvelle artillerie créée par M. de Gribeauval, a eu beaucoup de partisans; cependant, malgré ses avantages, elle a été combattue fortement, adoptée en 1765 sous Choiseul, rejetée sous le ministère de Monteynard en 1772, adoptée de nouveau en 1774 sous Richelieu, Soubise, Contades et Broglie, tous maréchaux de France,

assemblés en comité, et qui ont décidé en faveur du nouveau système, qui a été confirmé enfin sous Saint - Germain, ministre de la guerre, par la direction de l'artillerie, qui a été confiée en 1776 à M. de Gribeauval après le décès de M. de Valière, qui avoit créé l'ancienne artillerie, et en avoit porté la gloire au plus haut degré, et qui occupe le premier rang parmi les auteurs célèbres qui ont écrit contre les avantages des visières et des boutons de mire, et surtout contre ceux de la hausse mobile, fixée à la culasse. Dans le mémoire qu'il lut à l'Académie, il s'explique de cette manière :

« Il faut considérer, 1°. que la hausse mobile est un mauvais instrument ; 2°. qu'elle ne peut servir presque jamais qu'à tirer lorsqu'on ne devroit pas tirer ; 3°. que son opération est toujours tâtonneuse et souvent impossible ; 4°. qu'elle ne servira presque jamais qu'à jeter dans l'erreur.

» J'ai dit, 1°. que la hausse étoit un mauvais instrument, parce qu'à la guerre ses mouvemens seront souvent embarrassés par la rouille, la poussière et la boue qui s'y introduiront, et parce que sa fragilité la rendra sujette à se fausser et à se briser, étant maniée par des mains grossières avec la précipitation qu'excitent l'ardeur du combat et la vue du danger.

» J'ai dit, 2°. qu'elle ne peut servir presque jamais qu'à faire tirer lorsqu'on ne devroit pas tirer, parce que l'effet de la hausse est de donner de l'élévation à des pièces qui en ont peut-être déjà beaucoup par leur construction ; car les boulets tirés de cette manière, n'agissant que sur le point où ils tombent en plongeant et faisant peu ou point de ricochets, ne pourront rencontrer l'ennemi que par le plus grand hasard, et quand ils le rencontreront ils ne blesseront guère qu'un homme. Il vaudroit donc mieux, généralement parlant, conserver les munitions pour le moment où elles seront plus utiles.

» J'ai dit, 3°. que son opération est toujours tâtonneuse et souvent impossible. En effet, pour en user utilement il faudroit pouvoir observer la chute du premier boulet, afin de donner en conséquence plus ou moins de degrés de hausse, selon que le boulet seroit tombé trop près ou trop loin. Et d'ailleurs les portées ne sont-elles pas sujettes à varier ? Et pour atteindre une ligne de trois hommes de profondeur par la simple chute du boulet, il faudroit la plus grande précision. Que de tâtonnemens pour vaincre ces difficultés ! Et peut-on se flatter de les vaincre si on ne peut pas observer la chute du boulet, comme il arrive fréquemment ? Si l'ennemi est en mouvement, si on y est soi-même, n'est-il pas évident que les moyens de régler les tâtonnemens deviennent impraticables, et que par conséquent l'usage de la hausse devient impossible ?

» J'ai ajouté, 4°. qu'elle ne servira presque jamais qu'à jeter dans l'erreur. En effet, un champ de bataille n'est point un terrain de niveau ; une des roues de l'affût se trouvera presque toujours plus basse que l'autre : or il est évident qu'en ce cas la hausse, fixée à la culasse de la pièce, déclinera vers la roue la plus basse, et que par conséquent le rayon de mire, pris par le moyen de la hausse, se prolongera obliquement de l'autre côté de la pièce, et coupera le plan vertical, qui passera par son axe : donc la pièce ne sera point dirigée vers le point où aboutit le rayon de mire. Donc toutes les fois que les roues ne seront pas de niveau, la hausse ne servira qu'à égarer le pointeur. » *Page* 22, etc. v.

6. Ce mémoire a eu le suffrage de l'Académie, et a fait rejeter la hausse en 1763 jusqu'en 1776, où elle fut définitivement rétablie après avoir été sanctionnée par la commission rassemblée en comité, qui décida en faveur de l'artillerie de M. de Gribeauval, et réfuta enfin les objections de M. de Valière.

L'expérience pouvoit répondre d'une manière positive à la première objection ; mais en supposant que la hausse vînt à se briser, la pièce rentreroit alors dans le cas adopté par M. de Valière, et l'on pourroit la pointer par la méthode des points saillans ou à l'aide de la lumière et même de la visière qu'elle laisseroit à la culasse, et du bouton de mire du bourlet, et dans le cas où elle se fausseroit seulement : l'effet qu'elle produit lorsqu'elle est intacte, seroit encore généralement le même, puisque l'avantage des lignes de mire fixes a lieu lors même que ces lignes sont mal déterminées, et au lieu de viser dans les coups suivans d'une certaine quantité à droite ou à gauche, le canonnier pointeroit alors d'une autre quantité plus ou moins considérable, selon que la hausse seroit plus ou moins dérangée de sa position; et comme l'erreur reste constante, il pourra toujours s'en servir pour corriger les coups suivans et approcher enfin autant que possible du tir exact. Et l'on peut observer que depuis plus de trente ans que les hausses ont été placées à nos pièces, il en existe encore un grand nombre qui sont intactes et de bon service, malgré l'épreuve de vingt-quatre ans de guerre continuelle, et que celles qui sont hors de service ont encore en entier l'encastrement. Les ouvriers et les ressources des parcs, des divisions même, suffiroient pour faire ces réparations, s'il y avoit urgence, et qu'on ne pût se servir des avantages des arsenaux.

La deuxième objection porte qu'elle ne peut servir presque jamais qu'à faire tirer lorsqu'on ne devroit pas tirer.

Comme elle ne peut servir que pour tirer au-delà du but en blanc, il résulte de cette objection qu'on ne doit jamais tirer au-delà de 259 toises avec le plus petit calibre de campagne, et au-delà de 276 toises avec le plus grand (*Table* Iere). Cependant les armées et des troupes quelconques font toujours leurs mouvemens préparatoires, leurs évolutions au-delà de cette distance ; le général peut alors occuper une position avantageuse, et avoir le projet de les attaquer avant qu'elles aient fait leurs dispositions, et il est quelquefois de la dernière importance de les tourmenter dans cette circonstance par quelques pièces bien pointées, qui portent souvent la précipitation et le désordre dans l'exécution des commandemens, et il est peu de nos canonniers qui n'assureroient de démonter l'artillerie ennemie avant qu'elle n'ait tiré un seul coup, si elle vouloit s'approcher jusqu'à 280 toises pour commencer le feu. Il est donc essentiel de diriger le tir au-delà de cette distance, et la commission qui sanctionna la nouvelle artillerie n'adopta la hausse que parce qu'elle reconnoissoit la nécessité de tirer au-delà du but en blanc, et de diriger au moins le tir jusqu'à la distance de 500 toises. Il ne faut point se laisser tromper par cette idée presque généralement répandue, qu'on s'habitue avec l'artillerie, et qu'en tirant au-delà du but en blanc on affoiblit le principal effet de cette arme, qui est d'altérer le moral du soldat ennemi. On peut s'habituer au bruit du canon, mais jamais à ses effets. Et si une batterie suit les principes prescrits jusqu'à ce jour par les officiers les plus distingués, de tirer lentement, vite et précipitamment, suivant la distance de l'ennemi, et qu'elle tire d'abord lentement pour les portées au-delà du but en blanc, et

qu'elle parvienne à bien tirer, elle jettera le désordre dans les rangs ; elle intimidera la troupe
la plus aguerrie, qui se figurera avec raison que
plus elle approchera et plus le danger sera grand ;
et si elle a intention de s'emparer de la batterie,
l'espace qu'elle verra à parcourir pour arriver à
son but, diminuera son élan, lui fera même
perdre l'espoir de l'enlever, et si enfin, lorsqu'elle
arrivera à portée du but en blanc, la batterie tire
vite et est bien servie, son moral s'altérera entièrement, et un rien alors pourra la mettre en dé-
route : tandis que si on ne commence à tirer qu'à
250 toises, les premiers coups n'étant pas exacts et
servant toujours d'épreuve aux coups suivans,
parce qu'il est rare qu'on estime exactement la
distance, l'effet que l'on obtiendra en tirant vite
à la même portée ne sera pas si meurtrier que dans
le cas précédent : l'ennemi, d'ailleurs, que rien
n'aura encore intimidé aura tout son courage ; la
honte de rétrograder, étant presque sur les pièces
et au premier coup de feu, pourra ranimer son
ardeur et enlever l'avantage aux canonniers.

L'effet principal de l'artillerie dans les batailles,
d'abattre le moral du soldat, se fait donc sentir
dans toute sa force dans les rangs ennemis lorsqu'on tire de loin et avec justesse ; et pour tirer
ainsi il faut se servir de la hausse ou de moyens
semblables. Les visières et les boutons de mire
et la vis de pointage n'assurent la direction du
coup que lorsqu'on tire de but en blanc ; il en est

de même des points saillans : lorsque le pointeur abaisse la culasse pour élever le coup, son œil qu'il place ensuite près de la plate-bande n'aperçoit plus l'objet, la volée le lui cache, et tous ces moyens lui deviennent inutiles pour diriger sa pièce ; et s'il vise d'abord de but en blanc, il élève la volée ensuite à l'aventure, puisqu'il n'a rien qui lui marque la quantité dont il l'élève. D'où il résulte qu'il tire souvent hors de portée, que lorsqu'il est à portée il élève la pièce ou trop ou pas assez, et que si par hasard il donne au premier coup l'élévation nécessaire, il ne peut plus s'en servir pour le coup suivant, parce que rien ne peut le guider pour remettre sa pièce à cette élévation, et qu'enfin il tire toujours au hasard au-delà du but en blanc avec les pièces qui n'ont pas de hausse.

M. de Gribeauval, en inventant cet instrument, a donc rendu aussi exacte que possible cette partie du tir. Si l'objet est au but en blanc, le sommet de la hausse qui rase la culasse tient lieu de visière, et s'aligne avec le bouton de mire de la volée sur l'objet.

Lorsque l'objet est au-delà du but en blanc, il faut hausser la volée, et pour cela abaisser la culasse : alors la hausse devant toujours avoir son sommet aligné sur l'objet et sur le bouton, s'élève de la quantité dont on a abaissé la culasse. Ainsi le canonnier ne perd jamais de vue l'objet, et il sait toujours de quelle quantité il élève la pièce.

Si le coup a donné trop bas, il se corrige par le coup suivant, et il sait la quantité dont il se corrige; et le coup qu'il vient de tirer lui sert toujours de règle pour le coup suivant, ou pour conserver la même élévation, ou pour y revenir en cas qu'il l'ait perdue; et enfin il est sûr ainsi de frapper l'objet au deuxième ou au troisième coup.

Cette innovation assure donc le pointage depuis 250 toises jusqu'à 500, et à cette dernière portée de la hausse, le boulet n'est point au bout de sa course et ne tombe point en plongeant, de manière à ne blesser qu'un homme, comme le dit M. de Valière; mais il a encore des effets importans, et peut enlever des files entières.

La hausse épargne donc les munitions, au lieu de les prodiguer, puisqu'elle empêche qu'on ne les consomme inutilement, et en assurant les coups elle rend aussi l'artillerie plus redoutable.

La deuxième objection ne suffit donc point pour proscrire entièrement la hausse.

Pour appuyer la troisième objection, M. de Valière assure qu'on ne peut observer la chute du boulet; cependant à 4 et 500 toises, et même au-delà, on remarque aisément les séparations qui se trouvent dans les colonnes ennemies, et les ouvertures que les boulets y forment en tombant au milieu des rangs sont plus que suffisantes pour avertir le pointeur de la justesse de ses coups, et si le vent et la fumée lui sont contraires, l'officier qui veille à cheval sur toute la batterie, se porte à droite ou à gauche, selon le vent, fait lui-même les observations, et avertit le pointeur de chaque pièce, qui rectifie les coups, s'il est nécessaire ; et d'ailleurs cet inconvénient ne peut empêcher d'observer l'effet du boulet sur un champ de bataille, qu'en cachant la colonne elle-même, et dès lors il est commun à toute espèce de tir ; et si le canonnier, qui, pour les distances de la hausse, doit tirer lentement, ne peut alors diriger sa pièce, il ne la dirigera pas mieux en tirant de but en blanc où il doit d'ailleurs tirer vite.

Les mouvemens des troupes sont aussi des mouvemens communs à toute espèce de tir ; cette objection n'est donc point encore suffisante.

La seule objection plausible est celle qui provient de l'inclinaison du terrain dans le sens des roues, le champ de bataille n'étant effectivement jamais de même niveau ; elle a entraîné l'opinion de Mouy, maréchal de France, de du Puget, de Saint-Auban, et de beaucoup d'autres officiers distingués, qui se sont tous prononcés contre les avantages de la hausse, et qui n'ont fait néanmoins que répéter dans leurs ouvrages les paroles de M. de Valière, sans faire d'examen plus particulier. Cependant, suivant leurs propres expressions, cette objection pourroit être encore regardée comme de peu de fondement, puisqu'ils ne trouvent d'autre défaut que de faire porter la pièce à droite ou à gauche ; et dans une bataille, où le front des troupes est généralement très-étendu, il importe peu de frapper la file de droite ou de gauche : si la hauteur est bonne, l'effet en sera toujours le même, et la hausse qui donne la hauteur, suivant leur aveu même, sera donc encore d'une grande utilité.

DEUXIÈME PARTIE.

1. Malgré les avantages réels des boutons de mire et de la hausse mobile placée à la culasse, sanctionnés par une commission qui devoit fixer l'opinion, un grand nombre d'officiers distingués restent encore dans le doute. Beaucoup d'étrangers sont dans la même indécision. Morla, dans son *Traité sur l'artillerie*, fait voir qu'il étoit persuadé, comme Gribeauval, de l'utilité que l'on pouvoit retirer de la hausse ; mais il se réservoit, pour l'appliquer aux pièces qu'il a fait fondre, de la constater dans les écoles pratiques par l'expérience qu'il se proposoit de faire, lorsque la révolution d'Espagne et la mort l'empêchèrent d'exécuter son projet.

Il résulte de cette indécision qu'il existe dans notre artillerie de campagne, et quelquefois même dans une seule batterie, trois espèces de pièces.

La première a une visière à la culasse, et un bouton de mire au bourlet.

La deuxième a un bouton de mire au bourlet, et une hausse mobile fixée à la culasse.

Et la troisième enfin n'offre aucun point fixe pour déterminer la ligne de mire.

Il est donc essentiel de donner au canonnier les

moyens de pointer chacune de ces pièces sur un terrain quelconque.

2. La théorie du tir enseignée jusqu'à ce jour, dont nous avons donné les principes dans la première partie, est loin de s'accorder avec la pratique sur un terrain incliné dans le sens des roues et en avant de la pièce, comme on l'observe sur un terrain à peu près horizontal ; elle ne donne alors aucun moyen de corriger les erreurs qui en résultent pour chaque pièce, et elle reste incomplète pour le cas qui se présente le plus généralement, car il est rare de rencontrer un terrain de même niveau. Donner en conséquence l'examen exact de tout ce qui se passe dans le tir de chacune de ces pièces sur un terrain quelconque, pour servir à fixer l'opinion sur les diverses manières de pointer ; faire connoître ensuite les erreurs qu'elles font naître ; déduire de la nature même de ces erreurs les moyens de les corriger, et établir enfin des principes généraux qui puissent servir de guide au plus simple canonnier pour diriger sa pièce, de quelque classe qu'elle soit, sur un terrain quelconque, et compléter ainsi la théorie : tel est le but que nous nous proposons dans cette seconde partie. Nous appuierons autant que possible tous nos raisonnemens d'une saine géométrie, pour nous conformer à l'esprit de nos plus grands maîtres, qui ont exigé, les premiers, des preuves mathématiques.

3. Pour parvenir au but proposé, supposons

une pièce de campagne sur un terrain quelconque, et qu'une colonne se présente directement devant cette pièce, à la distance du but en blanc : le front de la colonne pourra être regardé comme faisant partie d'un plan vertical que nous supposerons indéfiniment prolongé dans tous les sens, et que nous appellerons plan vertical du but en blanc ; le plan vertical qui passera par l'axe et par la vraie ligne de mire, sera perpendiculaire à ce plan, et la vraie ligne de mire le rencontrera en un point, qui sera le but en blanc.

Cette ligne rencontre aussi l'axe en un point Fig. 4, dont la position est déterminée par les triangles pl. 1. semblables et rectangles, dont les côtés homologues sont adjacens à l'angle droit, et qui sont représentés dans le petit triangle par la distance cherchée x et le rayon r' du cercle le plus élevé du bourlet, et dans le grand triangle par la longueur l donnée par les points saillans, plus la distance cherchée x ou $l + x$, et le rayon r du cercle le plus élevé de la plate-bande de la culasse ; et on a cette proportion :

$$r : r' :: l + x : x$$

$$\text{d'où } x = \frac{l \times r'}{r - r'} \quad \text{(a)}$$

« C'est-à-dire que pour avoir la distance du
» point d'intersection de la ligne de mire avec
» l'axe au cercle le plus élevé du bourlet, il faut
» multiplier la longueur de l'axe entre les deux
» cercles les plus élevés par le rayon du plus

» petit cercle, et diviser le produit par la diffé-
» rence des rayons de ces deux cercles. »

4. Si l'on suppose maintenant que la ligne de
mire reste constamment sur ce point d'intersection,
et qu'elle tourne autour de la pièce en s'appuyant
toujours sur les cercles les plus élevés de la
culasse et du bourlet, elle engendrera un double
cône, qui aura son sommet au point d'intersection
ci-dessus, et qui sera le lieu de toutes les lignes de
mire que l'on pourroit tracer sur la pièce, et dont
une seule cependant seroit véritable, suivant la
position de la pièce.

Cela posé, si on prolonge ce double cône indéfiniment, il rencontrera le plan vertical du but
en blanc ou le front de la colonne, et l'intersection sera une section conique, qui sera également
le lieu de tous les points visés par toutes les lignes
de mire possibles ; et le point qui appartiendra à
la véritable ligne de mire sera le but en blanc. En
déterminant donc la position de tous les autres
points par rapport à ce but, on aura les erreurs
que l'on commet en prenant pour ligne de mire
toute autre ligne qui n'est point située dans le plan
vertical passant par l'axe, comme celle que détermine la visière ou la hausse avec le bouton de
mire lorsque la pièce est sur un terrain incliné de
manière que l'une des deux roues est plus élevée
que l'autre.

5. Il se présente alors trois cas : ou la vraie
ligne de mire est horizontale, ou elle est incli-

née de bas en haut ou de haut en bas, selon que la colonne ennemie se trouve sur un terrain de même niveau que la pièce, ou sur une hauteur, ou dans un fond.

1°. Si la ligne de mire est horizontale, elle sera perpendiculaire au plan vertical du but en blanc ou du front de la colonne, puisque ce plan est perpendiculaire au plan vertical de mire, par hypothèse : donc alors l'intersection du cône de mire avec ce premier plan est une ellipse. (*Sections coniques.*)

2°. Si la ligne de mire est inclinée de bas en haut, la supposition étant la même, elle sera inclinée au plan vertical du but en blanc ; l'axe sera également incliné par rapport à ce plan, comme dans le cas précédent, et d'autant plus que l'inclinaison de la ligne de mire sera plus considérable : donc la section sera aussi une ellipse qui sera plus ou moins allongée suivant la position de cette ligne, depuis l'horizontale jusqu'au tir à toute volée, où elle fait un angle de 17 degrés.

3°. Si la ligne de mire est inclinée de haut en bas, la section sera encore une ellipse par les mêmes raisons ; mais si l'angle d'inclinaison de la ligne de mire avec l'horizontale est égal à l'angle qu'elle fait avec l'axe de la pièce, la section sera un cercle, parce que cet axe, qui est aussi celui du cône, sera alors perpendiculaire au plan vertical du but en blanc, qui est le plan coupant, et si l'inclinaison devient plus grande, la section sera de nouveau une ellipse jusqu'à la limite de cette inclinaison, qui correspond à un angle de 15 degrés au-dessous de l'horizontale, où la pièce touche à l'entretoise.

6. Puisque dans tous les cas la section est une ellipse ou un cercle, l'équation générale de cette section sera celle de l'ellipse, et on aura toujours, pour déterminer la courbe,

$$y^2 = \frac{b^2}{a^2} \left(2\,a\,x - x^2 \right).$$

Mais cette courbe est le lieu de tous les points visés par toutes les lignes possibles que l'on peut tracer sur la pièce ; un seul de ces points est le vrai but en blanc, et il est le pied de la ligne de mire la plus élevée qui est dans le plan vertical de mire ; tous les autres points correspondant à des lignes de mire fausses sont à droite ou à gauche ; donc, si le terrain est incliné, ou si l'une des deux roues est plus elevée que l'autre, la ligne déterminée par la visière et par le bouton de mire sera à droite ou à gauche de la vraie ligne de mire, selon l'inclinaison de la pièce, et le point qu'elle visera ne sera point au but en blanc ; mais puisqu'elle est aussi une des génératrices du cône, il sera toujours sur la courbe, lieu commun de tous les points visés : donc, en déterminant la position de ce point par rapport au but en blanc, pour une inclinaison quelconque, nous aurons l'erreur que l'on commet en pointant à l'aide de la visière et du bouton de mire lorsque les deux roues de la pièce sont sur un terrain de niveau différent.

Pour y parvenir, il faudroit d'abord connoître les valeurs des demi-axes a et b pour toutes les positions de la ligne de mire par rapport à l'horizontale, et les substituer dans l'équation générale

$$y^2 = \frac{b^2}{a^2}(2\,a\,x - x^2);$$

et à cet effet nous remarquerons que dans toutes les positions de la ligne de mire, le plan vertical passant par cette ligne et par l'axe de la pièce ou du cône, est toujours, par hypothèse, perpendiculaire au plan vertical du but en blanc, que par conséquent l'intersection de ces deux plans donne toujours la position du grand axe de l'ellipse ou du diamètre du cercle pour le cas qui y correspond, et que les deux génératrices qui se trouvent dans le premier plan en déterminent la longueur (*Sections coniques*), et l'on peut s'en convaincre *à priori*, en considérant que ces deux génératrices passent par les points saillans en dessus et en dessous de la pièce ; qu'elles représentent alors l'une la génératrice la plus élevée, et l'autre la génératrice la plus basse du premier cône ; qu'elles changent mutuellement de position dans le second cône, opposé au premier en un sommet commun, et qu'elles déterminent enfin le point le plus bas et le point le plus élevé de l'ellipse ; donc les horizontales, menées par leurs pieds dans le plan coupant, sont tangentes à cette courbe ; mais la ligne qui réunit leurs pieds dans le même plan est verticale, puisqu'elle fait partie de la commune intersection du plan vertical de mire, et du plan vertical du but en blanc, donc elle est perpendiculaire à ces tangentes ; mais elle passe en outre par le pied de l'axe du cône : donc elle jouit des propriétés particulières du grand axe de l'ellipse, donc elle le représente en grandeur et en position. Si la section étoit un cercle, elle en donneroit de même le diamètre, et le centre seroit alors le point où elle rencontreroit l'axe du cône.

7. Pour calculer maintenant l'expression générale du grand axe, qui est égal à deux a dans l'équation ci-dessus, il faut considérer une position quelconque de la vraie ligne de mire, celle, par exemple, où elle est inclinée de bas en haut par rapport à l'horizontale (*Fig.* 4, *planche I*), et si on abaisse alors du but en blanc une perpendiculaire sur l'axe du cône, elle fera avec l'axe de l'ellipse un angle qui sera égal à la somme des deux angles que la ligne de mire fait avec l'axe et avec l'horizontale ; et en appelant s le premier de ces angles, et d le second, on a K G F $=$ C″ G C′ $=$ P S G $+$ G S C′ $= d + s$; S H représentant l'horizontale, S G la ligne de mire, et P F l'intersection du plan vertical de mire avec

le plan vertical du but en blanc, ou la position du grand axe : en effet, les triangles C″ G C′ et C′ S P sont rectangles par hypothèse, ils ont de plus un angle commun en C′; donc ils sont semblables ;

donc on a $K\,G\,F = d + s$.

Or, les triangles A B S et G K S sont aussi semblables. S G représente la distance D du but en blanc, moins la distance de la volée au sommet du cône, et cette distance est connue d'après la formule (a) et la longueur extérieure de la pièce, et si on la représente par D', et la ligne A S par L, comme on a fait $A\,B = 2\,r$, $D\,E = 2\,r'$, on fera $G\,K = 2\,r''$ comme étant le diamètre du cercle que l'on obtiendroit en faisant passer par le but en blanc un plan perpendiculaire à l'axe du cône, dont les cercles les plus élevés de la pièce peuvent être considérés comme sections. On aura donc, en comparant les côtés homologues,

$$L : 2\,r :: D' : 2\,r''$$
$$\text{d'où } 2\,r'' = \frac{2\,r\,D'}{L} \text{ et } r'' = \frac{r\,D'}{L} \ (b)$$

De plus, puisque le triangle S K C″ est rectangle, et que l'angle S est donné, l'angle K est connu; donc l'angle G K F, qui est le supplément de ce dernier, l'est aussi : donc on a

$$G\,K\,F = 90° + s$$
$$K\,F\,G = 90° - (d + 2\,s)$$

Par conséquent, dans le triangle G K F, on connoît un côté $2\,r''$ et deux angles; donc, puisque les sinus sont proportionnels aux côtés opposés, on a :

$$\sin. \text{K F G} : \sin. \text{G K F} :: 2\,r'' : 2\,a$$

d'où on déduit

$$2\,a = \frac{2\,r'' \times \sin. \text{G K F}}{\sin. \text{K F G}} = \frac{2\,r\,\text{D}'}{\text{L}} \times \frac{\sin.\,(90^\circ + s)}{\sin.\,(90^\circ - d + 2\,s)};$$

Si la section est un cercle, l'angle d'inclinaison est au-dessous de l'horizontale, et dès lors négatif; de plus, il est alors égal à l'angle s de la génératrice et de l'axe du cône; donc on a pour ce cas particulier $d = -s$; donc en substituant on obtient :

$$2\,a = \frac{2\,r\,\text{D}'}{\text{L}} \times \frac{\sin.\,(90^\circ + s)}{\sin.\,(90^\circ - (-s + 2\,s,))} = \frac{2\,r\,\text{D}'}{\text{L}} \times \frac{\sin.\,(90^\circ + s)}{\sin.\,(90^\circ - s)} = 2\,r'',$$

c'est-à-dire que le grand axe est égal au diamètre G K., et en effet ces deux lignes se confondent et n'en forment plus qu'une seule, et l'équation devient $y^2 = 2\,r''\,x - x^2$, qui suffit pour déterminer le cercle : en représentant par $2\,\text{A}$ la valeur générale du grand axe, on aura

enfin pour tous les cas possibles $y^2 = \dfrac{b^2}{\text{A}}\,(2\,\text{A}\,x - x^2)$.

8. Pour trouver maintenant l'expression du petit axe $2\,b$, on observera que l'on a toujours les coordonnées du point H' de la courbe, correspondant à celui où l'axe du cône rencontre le plan

vertical du but en blanc ou l'axe de l'ellipse , et nous les appellerons X et Y; l'ordonnée Y est l'un des côtés d'un triangle rectangle dont l'un des angles aigus est connu et égal à l'angle s, et dont le deuxième côté est égal à la partie de cet axe comprise depuis le sommet du cône jusqu'au plan de l'ellipse, et que nous désignerons par P; et comme en faisant passer par le but en blanc un plan perpendiculaire à l'axe du cône , on obtient un cercle G K (*fig. 4, pl. I*), et A' B' N'' M'(*fig. 2, pl. II*), dont le centre est en C'', et dont le rayon est égal à $r'' = \dfrac{r\,D'}{L}$, cette partie P se décompose en deux autres que nous représenterons de même par p et p'. La première, p, est alors le côté d'un triangle rectangle dont on connoit l'hypothénuse D' qui représente une génératrice quelconque du sommet au cercle G K , et dont l'un des côtés est égal à r'' : on a donc $p = \sqrt{D'^2 - r''^2}$.

L'autre partie p', qui est le prolongement C' C'' de l'axe du cône depuis le plan du cercle jusqu'au plan de l'ellipse, est aussi connue, puisqu'elle est le côté d'un triangle rectangle C' G C'' dont on connoit l'angle $G = s + d$ et le côté C'' $G = r''$: donc on a

$$R : \tan g\ (d + s) :: r'' : p' = \frac{r''\,\tan g.\ (d + s)}{R}.$$

Donc la ligne $P = p + p'$ est une quantité déterminée; donc le triangle rectangle S C' H'dont elle est un des côtés, et dont l'ordonnée Y fait partie comme étant l'autre côté opposé à l'angle connu s, donne cette proportion :

$$R : \tan. s : : P : Y = \frac{P \tan. s}{R}.$$

La valeur de X se trouve de même déterminée, puisqu'elle représente la partie du grand axe comprise depuis son extrémité jusqu'à son point d'intersection avec l'axe du cône ; elle est alors l'hypothénuse d'un triangle rectangle dont les deux côtés sont les lignes p' et r'' : donc on a

$$X = \sqrt{p'^2 + r''^2}.$$

Donc, en substituant ces valeurs particulières Y et X, de y et de x dans l'équation générale, on aura $Y^2 = \dfrac{b^2}{A^2} (2 A X - X^2)$, par conséquent

$$b^2 = \frac{A^2 Y^2}{2 A X - X^2} = B^2.$$

Par conséquent les constantes a et b pour chaque position de la ligne de mire sont déterminées ; donc on a entre les coordonnées d'un même point la relation suivante :

$$y^2 = \frac{B^2}{A^2} (2 A x - x^2) \text{ n}^o \text{ 1}.$$

Donc on peut toujours décrire la courbe de tous les points visés sur le plan du but en blanc par toutes les lignes de mire possibles qu'on peut tracer sur la pièce (*fig.* 1, *pl. II*).

9. Si l'on suppose maintenant que la pièce se trouve devant la colonne ennemie de manière

que la ligne de mire soit horizontale, et que le terrain soit incliné de façon que l'une des deux roues se trouve plus élevée que l'autre, ce qui se présente ordinairement en campagne, particulièrement sur le penchant d'une montagne et sur le revers d'un coteau, la ligne de mire donnée par la visière et le bouton du bourlet sera fausse, et si le terrain est incliné à droite, cette ligne se trouvera à droite du plan vertical de mire, et la vraie ligne de mire marquera par son pied le but en blanc dans le plan coupant, comme nous avons vu ci-dessus, et la verticale passant par ce point, donnera la position du grand axe de l'ellipse, dont la grandeur sera déterminée, ainsi que celle du petit axe, par les formules précédentes, qui donnent les valeurs de A et de B, et tous les autres points de la courbe seront donnés par l'équation $y^2 = \dfrac{B^2}{A^2} (2 A x - x^2)$ ou par les moyens graphiques qu'elle enseigne.

Soit le terrain T T' d'une inclinaison quelconque d'une roue à l'autre (*fig.* 2, *planche II*), et soit d' l'angle qu'il fait avec l'horizontale T H ; et supposons que la pièce, l'affût et les roues, soient projetés sur le plan vertical passant par l'axe de l'essieu : puisque la ligne de mire est supposée horizontale, elle est perpendiculaire au plan vertical du but en M', et la courbe d'intersection de ce plan avec le cône est une ellipse M' N B A B. L'angle d' est en outre égal à l'angle que le

plan passant par l'axe et par la visière fait avec
le plan vertical de mire : car lorsque l'axe est horizontal, ces deux angles sont chacun le complé-
ment du même angle $C''' T''' Q$ (*fig.* 2 et 5, *pl. II*),
et ils ne changent point lorsque l'on fait mouvoir
la vis de pointage, puisque les points saillans restent d'ailleurs les mêmes.

Dans cette position de la pièce (*fig.* 2), la visière M est à droite du plan vertical de mire; donc
la ligne de mire qu'elle détermine avec le bouton de la volée passe à gauche de ce plan au-delà
du sommet du cône de mire, puisque ce cône est
formé de deux autres cônes immédiatement opposés
en leur sommet commun; et comme le point M' ou
le but en blanc est le point le plus bas de toute la
surface du second cône, la ligne de la visière et
du bouton de mire rencontre l'ellipse en un point
qui est à gauche du but en blanc M', et plus élevé
que ce but, et dont la position est déterminée par
la trace du plan passant par l'axe et la visière dans
le plan de l'ellipse où elle rencontre cette courbe,
puisque ce point doit se trouver à la fois et sur cette
trace et sur la courbe (*page* 32); et comme cette
trace passe par le pied de l'axe du cône qui est
connu d'après les formules X et Y, il suffit donc de
trouver maintenant un second point de sa direction : or, le plan du cercle passant par le but en
blanc, et perpendiculaire à l'axe du cône, est
aussi perpendiculaire au plan vertical de mire qui
passe par cet axe; le plan du but en blanc est de

même perpendiculaire au plan de mire : donc leur intersection commune, qui passe par le but en blanc, est perpendiculaire au même plan ; donc elle est horizontale et représentée par la ligne K M′ T′ qui est perpendiculaire au grand axe ; mais le plan passant par la visière et par l'axe, coupe les plans de l'ellipse et du cercle, suivant deux lignes qui se réunissent en un point N′ de l'intersection commune K M′ T′ de ces deux plans, et la distance M′ N′, considérée dans le plan du cercle, est le côté d'un triangle rectangle dont l'autre côté est égal à r'', et dont l'angle opposé au premier côté en N′ est l'angle que forme le plan vertical de mire avec le plan passant par l'axe et par la ligne de mire de la visière et du bouton, et par conséquent égal à d' (9) ; donc on a, quelle que soit d'ailleurs l'inclinaison d de la ligne de mire avec l'horizontale *

$$\mathrm{R : tang.}\ d' :: r'' : \mathrm{M' N'} = \frac{r''\ \mathrm{tang.}\ d'}{\mathrm{R}},$$

donc le point N′ qui est le second par où doit passer la trace cherchée, est déterminé ; donc cette trace est connue, donc on en connoît aussi le point d'intersection avec la courbe, qui est le point visé par la ligne de mire de la visière et du bouton sur un terrain d'une inclinaison quelconque d' d'une roue à l'autre.

On peut également trouver le moyen analytique de déterminer de suite pour chaque incli-

* *Voy.* pag. 39 et 40.

(42)

naison du terrain, le point visé parc cette ligne de
de mire ; car, ayant en général la valeur de M' N',
on a aussi C' M' $=$ X : donc, dans le triangle
rectangle M' N' C' dans le plan de l'ellipse, on
connoît deux côtés ; donc on a

$$R : \text{tang. } M' C' N' :: X : \frac{r'' \text{ tang. } d'}{R},$$

d'où $\qquad \text{tang. } M' C' N' = \frac{r'' \text{ tang. } d'}{X} ;$

mais dans le triangle rectangle C' N P, le côté
P N $= y$ et le côte C' P $=$ X $- x$: donc on a, en
faisant l'angle M' C' N' $= d''$,

$$(c) \quad \text{tang. } d'' = \frac{r'' \text{ tang. } d'}{X} \quad \text{et R : tang. } d'' ::$$

$$X - x : y = \frac{(X - x) \text{ tang. } d''}{R} \quad n° \ 2.$$

Par conséquent, pour une inclinaison quelconque
d' du terrain d'une roue à l'autre, et quel que
soit l'angle d de la ligne de mire avec l'horizontale ou le niveau du terrain où se trouve l'ennemi
à la portée du but en blanc, on aura toujours la
valeur de l'ordonnée y du point visé par la
visière et le bouton de mire en fonction de
son abscisse x ; l'équation générale $y^2 = \dfrac{B^2}{A^2}$
$(2 A x - x^2)$ n° 1 donnera ensuite la valeur de
l'abscisse ou de la dernière inconnue.

Donc, à l'aide des formules n° 1 et n° 2, on
déterminera, pour toutes les inclinaisons du terrain
d'une roue à l'autre, la position du point visé

par toutes espèces de lignes de mire fixe, par rapport au vrai but en blanc, et quelle que soit d'ailleurs la situation de la vraie ligne de mire avec l'horizontale.

10. Cela posé, analysons maintenant les différentes manières de pointer suivant la nature des moyens que présente chacune des pièces des trois classes qui se trouvent encore dans notre artillerie, et commençons par la première, qui offre les visières et les points de mire. Nous donnerons ensuite l'examen de la manière de pointer avec la hausse de M. de Gribeauval, et enfin celui du procédé des points saillans et de la hausse mobile actuellement en usage pour les pièces qui n'ont aucun point de mire fixe, et du quart de cercle pour les obusiers en particulier.

Analyse du tir des pièces à visière et à bouton de mire.

11. Soient donc M′ et N le but en blanc et le point visé par la ligne de mire de la visière et du bouton correspondant aux degrés que pourroient avoir les angles d'inclinaison d et d', suivant la nature du terrain. M′ étant l'extrémité du grand axe aura l'abscisse et l'ordonnée constamment égales à zéro, et le point N aura deux coordonnées x', et y' P M′ et P N, qui seront déterminées par les formules ci-dessus. Si le pointeur alors se sert de la visière et du bouton de mire, et s'il veut frapper le point N dans le plan du but en blanc, il placera

la pièce comme elle est représentée (*fig.* 2), puisqu'elle est supposée pointée sur ce point à l'aide de la visière ; mais le boulet, au lieu d'atteindre le point visé, frappera en M', seul et vrai but en blanc ; donc il frappera au dessous et à droite du point qu'il devoit battre ; donc le pointeur commettra deux erreurs, dont l'une sera représentée par l'abscisse x', et la deuxième par l'ordonnée y', et comme les formules précédentes donnent les valeurs exactes de ces coordonnées, elles font aussi connoître les erreurs que l'on commet pour chaque inclinaison du terrain d'une roue à l'autre. En faisant donc varier d', nous aurons la loi que suivent les erreurs.

Or, on a $y^2 = \dfrac{B^2}{A^2} (2A x - x^2)$ n° 1 ,

$$\tan. d'' = \frac{r'' \tan. d'}{R} \quad \text{et} \quad y = \frac{(X - x) \tan. d''}{R} \quad \text{n° 2;}$$

et en faisant $d' = o$, on a $y = o$ et $x = o$: donc alors le tir est exact, et le point visé est le point frappé, et le terrain est de même niveau d'une roue à l'autre ; mais plus l'angle d' est considérable, plus l'angle d'' l'est aussi, et plus les valeurs de l'abscisse et de l'ordonnée augmentent, et plus les erreurs deviennent grandes jusqu'à ce que d' soit égal à un droit ; et alors il faudroit que la pièce fût entièrement renversée sur le côté et l'essieu vertical, ce qui ne peut jamais arriver. L'équation n° 2 ne donne plus aucune valeur de y' et de x', puisque le triangle rectangle qui a servi à les établir a deux de ses côtés parallèles, et cesse d'être triangle ; mais les valeurs X et Y du point correspondant au pied de l'axe représentent alors ces coordonnées, et font connoître les erreurs. Passé ce point, les formules ci-dessus donneroient de nouveau les erreurs que l'on commettroit, s'il étoit possible de pointer la pièce, et font voir qu'elles suivent la même loi que les coordonnées de l'ellipse, et les limites des grandes erreurs que l'on pourroit commettre seroient égales au grand axe et au demi-petit axe, le grand axe pour l'abaissement du boulet, et le demi-petit axe pour la déviation qu'il éprouveroit à droite ou à gauche, selon l'inclinaison du terrain.

12. Mais dans la pratique, non - seulement l'angle d'' ne peut jamais être droit, mais il a encore une limite plus resserrée ; il est d'ailleurs toujours plus petit que l'angle d', et on trouvera la limite de ce dernier en observant que l'essieu est placé près du plan vertical qui passe derrière les tourillons, de manière que le poids de la pièce porte en entier sur les roues lorsqu'elle est en batterie ; que les crosses ne sont ni trop pesantes ni trop légères, et pour une position particulière, elles sont en équilibre : la verticale du centre de gravité du système passe alors par l'axe et le milieu de l'essieu, et en général la verticale du centre de gravité de la partie qui porte sur les roues passe toujours par ce point ; donc l'angle d' qui mesure l'inclinaison du terrain

avec l'horizontale, et qui est égal à l'angle que forment entre eux les deux plans de mire, est aussi égal à l'angle que fait la perpendiculaire élevée sur le milieu de l'essieu avec la verticale qui passe par le centre de gravité; car en représentant par C^{v}, ce centre, les triangles rectangles $C^{v} T^{v} Q$ et $C''' T''' Q$ sont semblables, comme ayant leurs côtés parallèles, et donnent l'angle $Q C''' T''' = Q C^{v} T^{v}$, et lorsque le rayon $C''' M'$ est dans une position verticale, ou que l'axe de la pièce est horizontal, C''' étant un des points de cet axe, l'angle $Q C''' T'''$ mesure alors l'angle des deux plans de mire $M C''' M' = d'$; donc aussi $Q C^{v} T^{v} = Q C''' T''' = d'$. La valeur de ces angles ne change point, quel que soit d'ailleurs le mouvement de la vis de pointage, puisqu'ils ont un côté commun dont la position est constante, et que les autres côtés restent toujours parallèles. Par conséquent pour les valeurs de d' ou de $Q C^{v} T^{v}$ qui jetteront la verticale du centre de gravité suppporté par l'essieu au-dehors des points de support des roues, la pièce se renversera, et elle restera en équilibre lorsque l'angle d' sera tel que cette verticale passera par le point de support de la roue la plus basse, et cette valeur de d' sera la limite de l'inclinaison du terrain sur lequel on puisse mettre en batterie; par conséquent l'angle d'' sera toujours inférieur à cette valeur. Le triangle rectangle $Q C^{v} T^{v}$ donne les moyens de calculer l'expression de cette limite pour tous les calibres ; car l'un de ses côtés $Q\,T'^{v}$ est égal à la moitié de la voie qui est connue, et que nous représenterons par V, et le second côté $Q\,C'^{v}$ est égal à la moitié de la hauteur de la roue, que nous appellerons H, plus, la hauteur $C'^{v}\,q$ du centre de gravité du système au-dessus de l'axe de l'essieu, et que nous ferons égal à g, et qui est connue, puisqu'elle est donnée par le point d'application de la résultante de trois forces déterminées, qui sont représentées, la première par le poids de la pièce, la deuxième par celui de l'affût, et la troisième par celui des roues et de l'essieu et qui sont appliquées aux centres de gravité de ces trois parties du système. On connoît donc les deux côtés $\frac{1}{2}\,V$ et $\frac{1}{2}\,H + g$ dans le triangle rectangle $Q\,C'^{v}\,T'^{v}$: donc on a

$$R : \text{tang. } d' :: \tfrac{1}{2}H + g : \tfrac{1}{2}V,$$

d'où
$$\text{tang. } d'' = \frac{R\,V}{H + 2\,g}\ (d),$$

et en substituant dans cette expression pour V, H et g leurs valeurs correspondantes à chaque calibre, on aura la limite de l'inclinaison du terrain dans le sens des roues, pour chaque pièce en particulier, et cette limite ne pourra être atteinte que lorsque le terrain en avant du côté de l'objet sera assez incliné pour que les crosses soient en équilibre la pièce étant en batterie, position qui ne se présente jamais, et qui ne pourroit avoir lieu que pour tirer de haut en bas du sommet au pied d'une montagne. Lorsque le terrain est à peu près de même niveau en avant et derrière la pièce, comme sur le revers d'un coteau, il faut abaisser alors les crosses de la position en équilibre pour mettre en batterie, et comme le poids qu'elles acquièrent ainsi est peu considérable, qu'il est détruit par le terrain, et que la pièce s'élève dans ce mouvement au-dessus de l'essieu, le centre de gravité supporté par l'essieu s'élève également ; donc la hauteur $\frac{1}{2}$ H $+ g$ devient plus grande jusqu'à ce que le centre de gravité de la pièce soit directement au-dessus de l'essieu, et alors $\frac{1}{2}$ H $+ g$ a toute la grandeur possible, et l'angle d' est le plus petit possible. Au-delà de ce point, $\frac{1}{2}$ H $+ g$ ira de nouveau en diminuant, et d' en augmentant, jusqu'à la limite qui exige une inclinaison de terrain des crosses aux roues, qui ne se présente jamais dans la pratique. Donc, en général, la formule ci-dessus donnera pour tous les calibres la limite de l'angle de l'inclinaison du terrain dans le sens des roues, pour que la pièce puisse se tenir en batterie, et pour tous les usages ordinaires de l'artillerie de campagne.

13. On peut aussi calculer la valeur de d' en fonction de l'élévation d'une roue au-dessus de l'autre ; car dans le triangle rectangle EFG (*fig.* 2, *planche II*, l'angle GF F est le même que l'angle de l'inclinaison du terrain avec l'horizontale, et par conséquent égal à d', et en appelant e cette élévation F G, on a E G $=$ V et cette proportion :

$$R : \sin. d' :: V : e = \text{d'où } \sin. d' = \frac{e\,R}{V} \; (\,\text{l}\,).$$

Par conséquent on a : à la limite

$$e = \frac{V^2 \cos. d'}{R\,(H + 2\,g)} \; (\,k\,).$$

14. On voit aussi, à l'inspection de la formule de la limite (d), que la voie étant la même pour tous les calibres de campagne, plus la hauteur des roues est considérable comme dans le plus haut calibre, ou plus la pièce est élevée au-dessus de l'essieu, et plus la limite est resserrée ; et lorsque $H + 2\,g = V$, il en résulte tang. $d' = R$, ou $d' = 45°$; et comme $H + 2\,g$ est toujours égal ou plus grand que V, puisque pour toutes les pièces la voie $V = 56$ pouces 6 lignes de dedans en dehors, et que la hauteur de la roue de 4 est de 50 pouces, celle des roues de 8 et de 12 de 54 pouces, et que la hauteur g du centre de gravité au-dessus de l'essieu a toujours plus de 3 pouces dans les usages ordinaires de l'artillerie de campagne, il s'ensuit donc que, pour toutes les positions de la pièce et pour tous les calibres, l'angle de l'inclinaison du terrain d'une roue à l'autre est constamment au-dessous de 45°.

L'équation (k) nous fait voir aussi que la hauteur d'une roue au-dessus du niveau de l'autre est toujours moindre que $\dfrac{V}{\sqrt{2}}$.

15. Les points qui peuvent être visés par la

ligne de mire fixe de la visière et du bouton , sont donc toujours compris depuis le but en blanc ou le pied du grand axe de l'ellipse , jusqu'à l'extrémité exclusivement du diamètre qui fait avec le grand axe un angle de 45° : donc ils sont toujours au-dessus du point M′, où frappe le boulet, d'une quantité représentée par l'abscisse, et à droite ou à gauche de ce même point, en sens contraire de l'inclinaison du terrain , d'une quantité égale à l'ordonnée.

Donc enfin, dans toutes les positions possibles d'une pièce de campagne à visière et à bouton de mire sur un terrain incliné d'une roue à l'autre, on commet deux erreurs en se servant pour pointer de la visière et du bouton. La première fait donner le boulet trop bas, et la seconde le fait dévier à droite ou à gauche du côté de la roue qui se trouve la plus basse ; et comme les coordonnées x et y augmentent avec l'angle d'inclinaison d', on en conclut que ces erreurs sont d'autant plus considérables que la roue est plus enfoncée au-dessous du niveau de l'autre, et pour une valeur quelconque de d' ou de l'élévation e d'une roue au-dessus de l'autre, les formules précédentes feront connoître exactement les coordonnées x et y, ou les erreurs commises, qui deviennent nulles lorsque $d' = o$. D'où il résulte qu'on peut établir ce principe général comme règle de pointage des pièces de la première classe à visière et à bouton de mire sur un terrain

d'un niveau quelconque d'une roue à l'autre, et
à la portée du but en blanc.

I. « Lorsque les deux roues sont de même
» niveau, il faut pointer directement à l'objet,

» Et lorsque l'une des deux roues est plus
» basse que l'autre, il faut pointer au-dessus de
» l'objet, et à droite ou à gauche du côté de la
» roue la plus élevée ; et cela d'autant plus, que
» la roue est plus basse. »

Ce principe servira de guide au canonnier pour
diriger ses tâtonnemens, et l'officier pourra calculer, à l'aide des formules précédentes, les quantités exactes dont il devra pointer au-dessus et à
côté de l'objet, selon l'inclinaison du terrain.

Le tir sera alors aussi juste que possible, à
l'aide des visières et des boutons de mire, qui ne
peuvent d'ailleurs servir que pour les portées de
but en blanc et en-deçà ; et comme alors il faut
pointer d'autant plus bas que la portée s'approche
de la demi-distance du but en blanc (*première
Partie*), il en résulte que lorsque le terrain est
incliné dans le sens des roues, la déviation du
boulet reste proportionnelle à la portée et à l'inclinaison du terrain d'une roue à l'autre ; mais
l'abaissement du boulet se trouve corrigé en partie, et il y a des inclinaisons et des portées
qui sont telles, que cette erreur se trouve com-
pensée et est entièrement nulle, et il suffit alors
de pointer à côté de l'objet, dans le sens de la
roue la plus élevée.

3.

Deuxième classe. *Analyse du tir des pièces à bouton de mire et à hausse mobile, fixée à la culasse.*

16. Pour les portées au-delà du but en blanc, Gribeauval a inventé la hausse, et l'a fixée à la culasse ; nous avons vu les discussions qu'elle a fait naître jusqu'à ce jour : nous allons faire voir, dans toute leur clarté, les avantages et les défauts qu'elle peut avoir, et faire connoître ensuite les règles de pointage qui en dérivent.

Pour cela, nous remarquerons que lorsqu'on élève la hausse, on ne fait qu'augmenter le rayon de la culasse passant par la visière ; que les nouvelles lignes de mire que l'on obtient ainsi passent toutes par le bouton, que par conséquent elles sont toutes dans le même plan ; passant par l'axe et par la ligne de mire de la visière et du bouton. Donc tous les points qui seront visés par toutes les lignes de mire de la hausse, se trouveront sur la trace C′ N′ de ce plan, dans le plan de l'ellipse.

17. Pour la portée du but en blanc, il faut baisser entièrement la hausse, et pointer ensuite à l'aide de son sommet qui se trouve à la hauteur de la plate-bande, comme à l'aide de la visière. On rentre ainsi dans le cas des pièces de la première classe : donc on commet les mêmes erreurs lorsque le terrain est incliné d'une roue à l'autre : or, il est facile de corriger la première de ces erreurs, ou la déviation du boulet, puisqu'il

suffit de pointer à droite ou à gauche de l'objet d'une quantité connue, et que sur une colonne on peut prendre des points de comparaison, et que l'erreur enfin, si on en commettoit, seroit de peu de conséquence ; car il importe peu de frapper telle ou telle file, pourvu que le boulet donne sur le front de bataille ; mais la deuxième erreur, ou l'abaissement du boulet, offre des inconvéniens majeurs, car au-dessus de la hauteur de l'homme ou du front de la colonne, le pointeur ne trouve plus de point de comparaison, la ligne de mire plonge dans le ciel et ne rencontre aucun objet. Il peut arriver que le terrain soit incliné de manière que la ligne de mire passe au-dessus de la colonne, et que le boulet frappe encore trop bas, et rencontre le terrain avant d'arriver à l'ennemi, et passe au-dessus en se relevant, et sans produire aucun effet : le canonnier n'ayant plus de guide, abandonne alors le tir au hasard. La hausse donne le moyen de corriger ce défaut principal du tir des pièces à visière et à bouton de mire.

En effet, soient toujours le point N correspondant à l'inclinaison du terrain que nous avons représenté en général par d', les erreurs seront égales à $M' P = x$ et $P N = y$: mais puisqu'en élevant la hausse, le pied de la nouvelle ligne que l'on obtient, ou le point visé par cette ligne, est toujours sur la trace $C' N'$ du plan qui passe par l'axe et par la visière (16) ; plus on élèvera la

hausse, plus le point visé N s'approchera de N',
parce que chaque nouvelle ligne de mire peut
toujours être considérée comme la génératrice d'un
double cône de mire dont le sommet seroit sur
l'axe ; par conséquent, en continuant d'élever la
hausse, on parviendra à obtenir une ligne de
mire qui visera au point N'. Or, ce point est sur
l'horizontale qui passe par le but en blanc, *pag.* 41 :
donc il est à la même hauteur que le point frappé
par le boulet ; donc la nouvelle ligne de mire
visera aussi à la même hauteur. Et il suffira alors
de pointer à gauche de la quantité M' N' pour
atteindre l'objet, et la hausse aura corrigé le
défaut de l'abaissement du boulet, qui est le plus
important et inévitable dans le tir des pièces à
visière et à bouton de mire, pour la distance
même du but en blanc.

Il faut donc, pour assurer le coup, calculer l'élévation à donner à la hausse, pour ramener alors
la ligne de mire à pointer à la hauteur de l'objet,
et déterminer aussi la quantité dont il faut pointer
à gauche, et en général du côté de la roue la
plus élevée. Le tir deviendra aussi exact que
possible, et les formules qu'on obtiendra serviront
à compléter cette partie de l'art de pointer, à l'aide
de la hausse sur un terrain d'une inclinaison
quelconque d'une roue à l'autre.

Or, l'élévation de la hausse au-dessus de la
plate-bande de la culasse, correspondante à la
ligne de mire qui vise en N', est le troisième côté

M K du triangle M K S″ formé dans le plan qui passe par l'axe de la pièce, et par la ligne de mire donnée par la hausse, et dont la section avec le cône de mire est représentée (*fig.* 3). Le deuxième côté M S″ est égal à la longueur extérieure de la pièce sur la ligne de mire, depuis la plate-bande jusqu'au bouton de mire, et le troisième côté est la partie K S″ de la ligne de mire donnée par la hausse. Ce triangle est semblable au triangle N′ N″ S″, formé dans le même plan par les prolongemens des deux lignes de mire au-delà de leur point d'intersection au bouton du bourlet, jusqu'au plan du cercle N″ C″ qui passe par le but en blanc ; car ces deux triangles ont un angle commun opposé au sommet, et les côtés opposés à cet angle sont parallèles, comme étant chacun perpendiculaires à l'axe de la pièce. Cela posé, le côté N′ N″ du dernier triangle est égal à la ligne N′ C″, moins le rayon C″ N″ $= r''$ du cercle G K (*fig.* 4, *Pl. I*), ou A′ B′ N″ M′ (*fig.* 2, *Pl. II*),

qui est connu, puisqu'on a $r'' = \dfrac{r\, D'}{L}$ (b), et la ligne C″ N′ est l'hypothénuse du triangle rectangle M′ C″ N′, dont l'un des côtés est aussi, le rayon r'' et l'angle compris, égal à d' : donc on a cette proportion : cos. d' : R :: r'' : C″ N′ $= \dfrac{R\, r''}{\cos.\, d'}$ d'où N′ N″ $= \dfrac{R\, r''}{\cos.\, d'} - r''$, et en substituant pour r'' sa valeur, on a :

$$N'\,N'' = \frac{r\,D'}{L}\left(\frac{R - \cos. d'}{\cos. d'}\right).$$

Mais la ligne $S''\,N''$ est le prolongement de la ligne de mire de la visière et du bouton : donc elle est une génératrice du double cône droit, qui a pour bases le cercle du plus grand renflement du bourlet, et le cercle $A'\,N''$ qui passe par le but en blanc ; donc elle est de même longueur dans toutes ses positions sur ces deux cercles ; mais lorsqu'elle est dans le plan vertical passant par l'axe, elle se confond avec la vraie ligne de mire, et alors elle est égale à la portée D du but en blanc, puisque la pièce reste toujours dans la même position (9), et qu'on ne fait qu'élever la hausse ; donc $S''\,N''$ est constamment égal à D. Et par conséquent dans le triangle $N'\,N''\,S''$, on connoît les deux côtés $N'\,N''$ et $S''\,N''$; on connoît aussi le côté $M\,S''$ dans le triangle semblable $M\,K\,S''$: donc, en comparant les côtés homologues, on a

$$S''\,N'' = D : N'\,N'' :: S''\,M : M\,K,$$

et en appelant L' la longueur $S''\,M$ extérieure de la pièce jusqu'au cercle le plus élevé du bourlet, et h la hauteur de la hausse $M\,K$, et en substituant pour $N'\,N''$ sa valeur, on obtient :

$$D : \frac{r\,D'}{L}\left(\frac{R - \dfrac{\cos. d'}{\cos. d'}}{}\right) :: L' : h,$$

d'où $\qquad h = \dfrac{D'\,L'\,r}{D\,L}\left(\dfrac{R - \cos. d'}{\cos. d'}\right)$ (m).

Le triangle $M'\,C''\,N'$ dans le plan du cercle,

donne aussi la valeur de M' N', qui est la quantité
dont il faut pointer à droite ou à gauche de l'ob
jet, du côté de la roue la plus élevée, ou la
déviation du boulet : donc, en appelant b cette
déviation, on a (b), en substituant pour r'' sa
valeur

$$ b = \frac{r\,D'}{L} \times \frac{\text{tang. } d'}{R}, $$

ou en mettant pour tang. d' sa valeur en cos. d'

$$ b = \frac{r\,D'\sqrt{R^2 - \cos.^2 d'}}{L \qquad \cos. d'} \ (\text{n}). $$

18. Ces deux formules (m) et (n) renferment
toutes les propriétés de la hausse perpendiculaire
à l'axe de la pièce et des déviations correspondantes du boulet.

En les analysant, on voit que pour la portée du but
en blanc, toutes les quantités qui entrent dans leur
expression sont constantes, excepté cos. d' : en faisant donc varier cos. d', nous aurons la loi que sui
vent l'élévation de la hausse, et la déviation du
boulet pour toutes les inclinaisons du terrain d'une
roue à l'autre ; et en l'érigeant en principe, elle
servira de règle de pointage au canonnier. Considérons donc d'abord la portée du but en blanc.

L'angle d' étant égal à l'angle que forment
entre eux les deux rayons C''' M', C''' M de
la culasse représentent l'inclinaison du plan de

mire de la visière et du bouton, avec le plan vertical passant par l'axe : par conséquent, lorsque le terrain est horizontal, on a cos. $d' = R$, et par suite $h = \overline{o}$ et $b = o$: donc alors il faut pointer directement sur l'objet, suivant le sommet de la hausse et le bouton de mire. Mais si le terrain est incliné d'une roue à l'autre, cos. d' devient plus petit que R, et h et b prennent des valeurs correspondantes à l'angle d', et le nombre des lignes de hausse et la déviation du boulet deviennent d'autant plus considérables, que l'angle d' augmente, puisque cos. d' va toujours en diminuant : donc, si la difficulté de trouver les points les plus élevés de la culasse du bourlet a prescrit de tracer sur les pièces une ligne de mire fixe, qui n'est exacte que lorsque le terrain est horizontal, elle prescrivoit aussi de placer une hausse mobile à la culasse, pour frapper à la hauteur de l'objet lorsque le terrain seroit incliné d'une roue à l'autre, en adoptant même, avec M. de Valière, qu'on ne doive tirer qu'à la distance du but en blanc.

L'élévation de la hausse et la déviation du boulet augmentent comme nous venons de le voir, jusqu'à ce que l'angle d' soit égal à 90° : alors cos. $d' = o$ donne à la hausse et à la déviation des valeurs infinies $h = \infty$, et $b = \infty$; c'est-à-dire que dans cette position il est impossible de se servir d'aucune ligne de mire fixe; et en effet le plan qui passe par l'axe où se fait le mouvement de la hausse est alors perpendiculaire, ainsi que le plan de l'ellipse au plan vertical de mire : donc leur intersection commune C′ N′ est également perpendiculaire à ce plan , donc elle est horizontale ; et comme elle passe par le pied de l'axe C′, elle est toujours au-dessus du point frappé N, qui est l'extrémité du grand axe de l'ellipse ; et puisqu'elle est parallèle à l'horizontale qui passe par ce point, et qu'elle est le lieu de tous les points visés par la hausse, la ligne de mire n'atteindra jamais l'horizontale M′ T′ ; quelle que soit la hauteur que l'on donne à la hausse , le point visé sera toujours au-dessus du point frappé par le boulet : donc alors on ne peut se servir de ce moyen pour pointer, et on ne peut d'ailleurs utiliser la pièce dans cette position, puisqu'elle est entièrement renversée sur le côté et l'essieu vertical.

Si l'angle d' pouvoit devenir plus grand qu'un angle droit, cos. d' deviendroit négatif, et on auroit des quantités négatives pour h et b, et lorsque d' seroit égal à deux droits, cos. d' seroit égal à (— R), et donneroit $h = \dfrac{-\,2\ \mathrm{D'\,L'}\ r}{\mathrm{D\,L}}$

et $b = 0$. Passé cette valeur, on obtiendroit de même des quantités négatives jusqu'à ce que le rayon C‴ M′ auroit parcouru trois angles droits ; et alors on auroit de nouveau cos. $d' = 0$, et $h = \infty$; $b = \infty$ comme ci-dessus. Au-delà de cette valeur, h et b redeviennent positives, et

reprennent la même série que dans le premier
angle droit, jusqu'à ce que d' ait terminé sa
révolution, et soit égal à quatre angles droits : et
on obtient de nouveau $h = o$ $b = o$.

Les valeurs négatives que l'on trouve depuis
un angle droit jusqu'à trois angles droits, nous
apprennent que, pour pointer alors, il faudroit
diminuer le rayon de la plate-bande de la culasse
de la quantité donnée par la formule de la hausse,
et viser à droite ou à gauche en sens contraire des
coups précédens de la quantité donnée par la
formule de la déviation du boulet ; c'est-à-dire
que la hausse ne peut servir que pour les deux
angles droits, à droite et à gauche de la verticale,
ou bien qu'il faut alors faire mouvoir la ligne de
mire en sens contraire, et l'abaisser au lieu de
l'élever, par conséquent laisser fixe le point de
la culasse, et faire mouvoir le point de la volée
en y appliquant la hausse. On obtiendroit ainsi
des formules semblables aux précédentes, qui
donneroient les lignes de hausse correspondantes
aux différentes inclinaisons du terrain pour le
cas où la ligne de mire seroit au-dessous de la
pièce, et jusqu'à 90° à droite et à gauche de la
verticale. Cette manière de pointer pourroit avoir
quelque avantage en pays de montagne.

Nous avons vu que, d'après la nature de
nos pièces, l'angle de l'inclinaison du terrain
d'une roue à l'autre ne peut jamais être plus
grand que 45°. Les résultats que nous avons

remarqués ci-dessus pour de plus grandes inclinaisons, ne peuvent donc jamais arriver en campagne ; mais les formules embrassent dans leur
généralité tous les cas, et font connoître chacun
d'eux en particulier, en supposant que la pièce
puisse faire une révolution entière autour de son
axe.

Nous nous bornerons donc, pour la pratique, à
considérer les effets qui résultent de l'inclinaison
du terrain, depuis zéro jusqu'à $45°$ à droite ou à
gauche de la verticale : or, cos. d' va toujours en
diminuant depuis zéro jusqu'à $45°$, et reste toujours positif à droite ou à gauche du vrai point de
mire : donc la hauteur de la hausse h, et la déviation b du boulet sont d'autant plus considérables pour toutes les positions de la pièce en
campagne, que l'angle des deux plans de mire
est plus grand, ou que le terrain est plus incliné
d'une roue à l'autre, et cette propriété n'est point
particulière à la portée du but en blanc ; elle est
générale pour toutes les portées. Car, si pour une
portée quelconque il faut une élévation h' de la
hausse sur un terrain horizontal, la pièce peut
être considérée alors comme ayant une plate-
bande dont le rayon auroit été augmenté de cette
quantité h', et qui seroit par conséquent égal
à $r + h'$, et en substituant à la place de r cette
valeur $r + h'$ dans les formules (m) et (n), et
pour D D' L L', etc. leurs valeurs qui sont déterminées par la portée, on aura les accroissemens h''

que l'on devra donner au nombre de lignes h' pour toutes les inclinaisons possibles du terrain d'une roue à l'autre, ainsi que les déviations du boulet correspondantes.

Si on divise les valeurs de h et de h'', l'une par l'autre, on aura le rapport entre les accroissemens des lignes de hausse pour la même inclinaison et pour deux portées différentes ; on aura de même le rapport entre les déviations du boulet, et on obtiendra ainsi les accroissemens des lignes de hausse, et les déviations du boulet pour toutes les inclinaisons possibles et pour une portée quelconque en fonction des accroissemens et des déviations qui ont lieu pour ces mêmes inclinaisons à la portée du but en blanc, et indépendamment de l'angle d', qui se trouvera éliminé par cette opération.

Les valeurs des accroissemens h de la hausse et des déviations b du boulet pour la portée du but en blanc, depuis zéro jusqu'à 45°, ou jusqu'à la limite de chaque calibre, suffiroient alors pour les déterminer pour une portée quelconque, dans le cas où l'on voudroit établir des tables qui les feroient connoître exactement pour les portées les plus importantes, depuis le but en blanc jusqu'à 5oo toises.

Mais en faisant varier les portées de la hausse entre leurs limites, et en supposant que l'inclinaison du terrain d'une roue à l'autre reste la même, cos. d' devient constant, et les valeurs de h et de b varient avec D, D', L, L' et r. En appelant a la quantité dont augmente la portée D du but en blanc et H le degré de hausse correspondant, lorsque la pièce est sur un terrain horizontal, D et r deviendront $(D + a)$ et $(r + H)$; D′ prendra une valeur $D'' = (D + a) - B S'$ (*fig.* 4, *Pl. II*), et qui sera toujours positive, puisqu'on a constamment $(D + a) > B S'$; les triangles rectangles B H R et B D S′ donnent :

$$L' = \sqrt{(H + r - r')^2 + l^2}$$

$$\text{et } D' = D'' = (D + a) - \frac{R\,r'}{\sin.\ S'}$$

et en représentant par L″ la valeur H S′ qui en résulte pour L , on a :

$$h = \frac{\left(D + a - \dfrac{R\,r'}{\sin.\ S'}\right)}{(D + a)}\left(\frac{r + H}{L''}\right).$$

$$\sqrt{H + r - r')^2 + l^2}\ \left(\frac{R - \cos.\ d'}{\cos.\ d'}\right)$$

$$b = \left(D + a - \frac{R\,r'}{\sin.\ S'}\right)\left(\frac{r + H}{L''}\right).\ \frac{\sqrt{R^2 - \cos.^2 d'}}{\cos.\ d'}$$

mais les triangles rectangles B H R et C H S′ sont semblables; donc on a :

$$\frac{r + H}{L''} = \frac{\sin.\ S'}{R} = \frac{(H + r - r')}{\sqrt{(H + r - r')^2 + l^2}}$$

$$\text{et sin.}\ S' = \frac{R\,(H + r - r')}{\sqrt{(H + r - r')^2 + l^2}}\ \text{(s)}$$

Donc en substituant on a enfin :

$$h = \left(I - \frac{r'}{(D + a)} \cdot \sqrt{\sqrt{I + \frac{l^2}{(H + r - r')^2}}} \right)$$

$$(H + r - r') \cdot \left(\frac{R - \cos. d'}{\cos d'} \right) \quad (m')$$

$$b = \left(D + a - r' \sqrt{I + \frac{l^2}{(H + r - r')^2}} \right).$$

$$\left(\sqrt{\frac{H + r - r'}{(H + r - r')^2 + l^2}} \right), \frac{\sqrt{R^2 - \cos.^2 d'}}{\cos. d'} \quad (n')$$

or on a $r > r'$. Le premier facteur de h représente la valeur de $\dfrac{D''}{D}$, et celui de b est égal à D'' ; donc ces deux facteurs sont toujours réels et positifs; donc les valeurs de h et de b sont également réelles et positives, quelle que soit la grandeur de la portée $D + a$ et du degré H, qui sont les seules variables qui entrent dans leur expression, lorsque l'on suppose que l'inclinaison du terrain d'une roue à l'autre reste la même, et qui sont aussi réelles et positives pour tous les cas qui peuvent se présenter en campagne.

Mais plus la portée ($D + a$) augmente, et plus il faut de degrés H; donc, plus les termes négatifs des premiers facteurs de h et de b diminuent; donc plus ces facteurs deviennent considérables puisqu'ils croissent en outre avec a.

On reconnoît aussi cette propriété à l'inspec-

tion de la *fig.* 4, *Pl. II.* On voit que $(r + H)$ est
le rayon de la base du cône de mire, dans le plan
du cercle le plus élevé de la plate-bande de la culasse ; que plus la portée est grande, plus ce
rayon a de longueur, et plus le sommet du cône
s'en approche, puisque la ligne de mire ou la génératrice passe toujours par le bouton du bourlet ;
que par conséquent plus l'angle S' augmente, et
plus le terme négatif de D'' diminue : donc plus
D'' est considérable, et cela d'autant plus qu'il
croît encore avec a ; donc le facteur qu'il représente dans la valeur de b augmente avec les portées ; donc aussi plus D'' s'approche de la valeur de $D + a$, et par conséquent plus $\dfrac{D''}{D + a}$
s'approche de l'unité ; donc, enfin, le premier
facteur de h, qui est égal à ce rapport, augmente
également avec les portées, et il atteindroit son
maximum, ainsi que D'', si elles pouvoient être
telles que H fût infini, ou que S' soit égal à un
angle droit : alors on auroit $\dfrac{D''}{D + a} = I - \dfrac{r'}{D + a}$
et $D'' = D + a - r'$, ce qui n'a jamais lieu dans
la pratique ; mais ces valeurs prouvent encore que
les premiers facteurs de h et de b sont toujours
réels et positifs, même à leur dernière limite.

Le second facteur de h croît aussi avec la
portée $(D + a)$; celui de b augmente de la même
manière que la partie radicale et fractionnaire d

premier facteur diminue, comme étant le résultat
de la même fraction renversée, car on a :

$$\sqrt{1 + \frac{l^2}{(H + r - r')^2}} = \frac{\sqrt{(H + r - r')^2 + l^2}}{(H + r - r')}$$

et comme cette expression diminue avec H, il
en résulte que $(H + r - r')$, qui est le numérateur du second facteur de b, augmente dans un
rapport plus grand que

$$\sqrt{(H + r - r')^2 + l^2}$$

qui en est le dénominateur ; donc ce facteur de
vient plus considérable, donc il augmente avec la
portée $(D + a)$.

Donc tous les facteurs variables des valeurs de
h et de b augmentent avec la portée $(D + a)$,
donc ces valeurs suivent la même loi ; mais elles
augmentent aussi avec l'angle d' pour tous les cas
qui peuvent se présenter en campagne ; « donc en
» général les accroissemens des degrés et les dé-
» viations correspondantes du boulet sont d'au-
» tant plus considérables, que la portée au-delà
» du but en blanc et la différence des niveaux
» des roues sont plus grandes. »

19. Mais les équations (m) et (n) supposent
que la hausse se meuve suivant le rayon du cercle
le plus élevé de la plate-bande de la culasse, et
qu'elle soit perpendiculaire à l'axe de la pièce ;

pour généraliser les vérités qu'elles nous ont fait découvrir, et pour obtenir une formule qui convienne à toutes les positions de la hausse dans le plan de mire, soit toujours H le degré de la hausse perpendiculaire à l'axe de la pièce pour une portée quelconque lorsque les deux roues sont de même niveau, et soit encore h l'accroissement dont ce degré est susceptible lorsque le terrain s'incline d'une roue à l'autre et que la portée reste la même ; soit aussi (*fig.* 4, *Pl. II*) $H' = M H' + H' h'$ le degré et l'accroissement correspondant de la hausse dans une position quelconque, dont la direction feroit un angle δ avec le prolongement du rayon du cercle le plus élevé de la plate-bande de la culasse, et soit enfin menée une parallèle à cette direction par le bouton du bourlet, on aura deux triangles semblables B E S'' et C' h' S'', et par conséquent cette proportion :

$$E\ S'' : C'\ S'' :: B\ E : C'\ h'$$

d'où on déduit :

$$C'\ h' = B\ E . \frac{C'\ S''}{E\ S''}$$

et par conséquent

$$H' = B\ E . \frac{C'\ S''}{E\ S''} - C'\ M$$

Mais on a :

$$C'S'' = C'C + CD + DS''$$
$$ES'' = ED + DS''$$

La formule (a) donne :

$$DS'' = \frac{l\,r'}{H + h + r - r'}\,' ; \quad CD = l$$

et d'après les triangles rectangles C C′M et B D E

$$C'C = \frac{r.\,\sin.\,\delta}{\cos.\,\delta}\,; \quad ED = \frac{r'\sin.\,\delta}{\cos.\,\delta}$$

$$BE = \frac{R\,r'}{\cos.\,\delta} \quad \text{et} \quad C'M = \frac{R\,r}{\cos.\,\delta}$$

donc en substituant on a enfin :

$$H' = l\,R.\,\frac{(H + h)}{(H + h + r - r')\,\sin.\,\delta + l\,\cos.\,\delta}\quad n° 3.$$

Équation générale qui convient à toutes les portées, à toutes les inclinaisons du terrain d'une roue à l'autre, et à toutes les positions de la hausse dans le plan de mire.

Mais pour avoir les degrés H', il faut déterminer les degrés H de la hausse perpendiculaire à l'axe de la pièce; l'expérience pourroit les donner d'une manière positive; cependant la formule n° 3 fournit encore le moyen de les calculer à l'aide des épreuves qui ont déjà été faites : en effet, lorsque les deux roues sont de même niveau $h = o$

d'après l'équation (m'), et si on représente par H'' la valeur qui en résulte pour H', on a

$$H'' = l\,\mathrm{R}.\frac{H}{(H + r - r')\sin.\,\delta + l\cos.\,\delta}\,(\mathrm{u}).$$

Or, cette expression donne les degrés de la hausse dans une position quelconque dans le plan de mire, lorsque la pièce est sur un terrain horizontal; par conséquent, en y substituant pour δ l'angle que la hausse de M. de Gribeauval fait avec le prolongement du rayon du cercle le plus élevé de la plate-bande de la culasse, et qui détermine aussi sa position particulière dans le plan de mire, on aura également les degrés de cette hausse pour le cas où les deux roues de la pièce sont de même niveau; mais ces degrés sont les lignes de hausse des tables du tir, et ils ont été déterminés par l'expérience pour le même cas où le terrain est à peu près horizontal d'une roue à l'autre; donc en les substituant dans l'équation (u) à la place de H'', on en déduira les degrés H de la hausse perpendiculaire à l'axe de la pièce, et la formule (m') donnera ensuite les accroissemens dont ces degrés sont susceptibles lorsque les deux roues de la pièce sont de niveau différent; donc on connoît pour tous les cas possibles les degrés H et leurs accroissemens h; donc on connoît aussi les degrés H', et comme on a toujours dans la pratique l'angle δ au-dessous de 90°, et que le degré H et son accroissement h sont alors réels et positifs, d'après les équations (m′) et (u), il en résulte que les valeurs de H′ sont également réelles et positives pour tous les cas possibles; « donc la formule n° 3 donne les divisions de la hausse dans une position quelconque par rapport à l'axe de la pièce, pour les principales portées au-delà du but en blanc, et pour toutes les formes du terrain d'une roue à l'autre, en fonction des degrés que l'expérience a déterminés pour les mêmes portées, lorsque la pièce est sur un terrain à peu près horizontal, et pour la position particulière que la hausse de M. de Gribeauval occupe dans le plan de mire. »

Lorsque l'on fait varier l'angle δ, et que l'on suppose toutes choses égales d'ailleurs, H et h ne changent pas; donc sin. $s′$ ne varie point, puisqu'il dépend de la valeur de H; donc le cône de mire n'éprouve aucun changement; donc le rayon $r″$, qui passe par le but, reste constant, et par conséquent l'équation (n), qui ne varie qu'avec $r″$ et $d′$, donne les mêmes valeurs pour b, quel que soit l'angle δ; « donc les déviations du » boulet sont les mêmes pour toutes les positions » de la hausse dans le plan de mire. »

Donc leur équation est en général

$$b = \left(\frac{(D + a)(H + r - r′)}{\sqrt{(H + r - r′)^2 + l^2}} - r \right). \left(\frac{\sqrt{R^2 - \cos. d′}}{\cos. d′} \right) \quad n° 4.$$

Mais le premier facteur de cette expression est

réel et positif pour toutes les portées , puisqu'il est le produit de deux facteurs qui jouissent chacun de cette propriété d'après la formule (n'); le second facteur est aussi réel et positif entre les limites de l'angle d' ; donc les valeurs de b sont également réelles et positives pour tous les usages de l'artillerie.

Les formules, n° 3 et n° 4 , renferment tout l'art de pointer à l'aide de la hausse de M. de Gribeauval ; elles donnent d'abord les propriétés dont jouissent les degrés de hausse et les déviations correspondantes du boulet et les règles qui en dérivent pour diriger le tir lorsque la pièce est sur un terrain horizontal ; elles nous apprennent ensuite que ces propriétés ne sont plus les mêmes lorsque les deux roues sont de niveau différent ; elles nous font connoître celles qui ont lieu alors et la position la plus avantageuse de la hausse dans le plan de mire et en déterminant la différence qui résulte entre les degrés lorsque l'on passe d'une position horizontale à une position inclinée d'une roue à l'autre, elles complètent la théorie actuelle, expliquent les irrégularités qui ont été observées dans le tir lorsque l'on pointe à l'aide de la hausse et qui ont paru jusqu'à ce jour contraires aux principes , et elles donnent enfin une règle de pointage pour tous les cas qui peuvent se présenter en campagne.

20. Lorsque la pièce est sur un terrain horizontal cos. $d' = R$, le second terme de l'équation ,

n° 4 , devient nul , et $b = o$: « donc , lorsque
» les deux roues sont de même niveau , le boulet
» n'éprouve aucune déviation ni à droite ni à
» gauche. » Première propriété.

Mais lorsque cos. $d' = R$, on a en outre $h = o$,
d'après l'équation (m'), et la formule n° 3 se réduit à

$$H'' = l\,R.\ \frac{H}{(H + r - r')\sin. \delta + l\cos. \delta}\ (\text{n}).$$

Or, pour la portée du but en blanc la ligne de
mire passe par l'extrémité du rayon du cercle le
plus élevé de la plate-bande de la culasse ; donc
$H = o$; donc alors aussi $H'' = o$.

Mais lorsque l'objet s'éloigne au-delà du but
en blanc, le degré H augmente avec la portée, et
le numérateur de H'' croît dans un plus grand
rapport que le dénominateur , parce que ces deux
quantités augmenteroient dans le même rapport,
si $(r-r')$ et l cos. δ étoient multipliés par H, et
que d'ailleurs , en renversant le facteur fractionnaire , on obtient un résultat qui diminue avec H ;
donc les valeurs de H'' croissent avec celles de H ;
donc elles augmentent avec la portée au-delà du
but en blanc ; mais elles sont aussi égales à zéro
lorsque $H = o$: « Donc, lorsque la pièce est sur
» un terrain horizontal , la longueur de la hausse
» est nulle lorsque l'objet est situé au but en
» blanc , et lorsqu'il s'éloigne au-delà de ce but,
» elle prend une valeur qui augmente avec la
» portée. » Seconde propriété.

Ces deux propriétés donnent la règle de pointage suivante, et prouvent qu'elle n'est que particulière, quoiqu'elle soit la base des tables actuelles du tir.

II. Lorsque les deux roues sont de même niveau, « il faut pointer directement devant la pièce,
» abaisser entièrement la hausse lorsque l'objet est
» au but en blanc et lorsqu'il s'éloigne au-delà de
» ce but donner d'autant plus de degrés que sa
» distance à la pièce devient plus considérable. »

21. Lorsque la pièce est sur un terrain incliné d'une roue à l'autre, on a cos. $d' < R$; les valeurs de h et de b ne sont plus égales à zéro ; les formules n° 3 et n° 4 donnent des résultats différens ; les propriétés des degrés de hausse et les déviations correspondantes du boulet ne sont plus les mêmes et les nouvelles valeurs de H' et de b nous font connoître celles qui ont lieu alors.

Lorsque l'objet est situé au but en blanc $H = o$ et

$$H' = l R. \frac{h}{(H + r - r') \sin. d' + l \cos. d}$$

donc H' augmente avec h, puisque cette valeur est de même forme que l'expression (u) ; mais pour la portée du but en blanc h et b croissent avec l'angle d' seulement d'après les formules (m) et (n).

« Donc, lorsque l'une des deux roues de la pièce
» s'élève au-dessus du niveau de l'autre, et que
» l'objet est situé au but en blanc, la longueur

4

» de la hausse et les déviations correspondantes
» du boulet augmentent avec la différence des
» niveaux des roues. » Troisième propriété.

Mais lorsque l'objet s'éloigne au-delà du but
en blanc, H prend une suite de valeurs propor-
tionnelles aux portées et on a

$$H' = l\,R.\;\frac{(H + h)}{(H + h + r - r')\sin.\,\delta + l\cos.\,\delta}\,(v).$$

Donc H' augmente avec $(H + h)$ par la même
raison que H″ croît avec H dans l'équation (u),
et on peut encore s'en convaincre en représentant par a' la quantité dont $(H + h)$ augmente,
et en substituant $(H + h + a')$ à la place de
$(H + h)$, et en comparant la valeur qui en résulte
avec celle qui correspond à $(H + h)$. En effet, soit
A le rapport de $(H + h + a')$ à $(H + h)$, on
aura :

$$H' = l\,R.\;\frac{A\,(H + h)}{(A\,(H + h) + r - r')\sin.\,\delta + l\cos.\,\delta}$$

et si on multiplie par A les termes $(r - r')$ et $l\cos.\,\delta$,
on augmentera le dénominateur de cette expres-
sion, puisqu'on a d'ailleurs $A > I$; donc on la
diminuera : mais elle sera alors égale à la première valeur de H′; donc elle est plus grande
que cette valeur ; donc H′ augmente avec
$(H + h)$. Or lorsque l'objet s'éloigne au-delà du
but en blanc et que le terrain s'incline d'une roue
à l'autre, les formules (m') (n') et n° 4 nous

apprennent que les valeurs de h et de b augmentent avec les portées et avec l'angle d' ; donc celles de H′ augmentent aussi avec ces deux variables, puisque le degré H croît en outre avec les portées ; donc enfin

« Lorsque les deux roues de la pièce ne sont
» pas de même niveau, la longueur de la hausse
» et les déviations correspondantes du boulet
» sont d'autant plus grandes, que la distance de
» l'objet au-delà du but en blanc et la différence
» des niveaux des roues sont plus considérables. »
Quatrième propriété.

Cette conséquence est générale et renferme la deuxième et la troisième propriété ; il en résulte aussi « Que la plus grande longueur de la hausse correspond aux plus grandes limites de la portée et de l'inclinaison du terrain d'une roue à l'autre. »

Par conséquent on aura la plus grande valeur de H′ en substituant, dans la formule n° 3, à la place de H le degré correspondant à la portée de 500 toises, et pour h l'accroissement de ce degré que donne la formule (m′) en y mettant pour l'angle d' sa plus grande limite, qui est déterminée par l'équation (d).

En effet, le degré (H + h) de la hausse perpendiculaire à l'axe de la pièce atteindra alors sa plus grande valeur : car H croît avec la portée, et h est d'autant plus considérable, que la portée et la valeur de l'angle d' sont plus grandes ; par conséquent le degré H′ atteindra

4.

aussi son maximum, puisqu'il augmente avec
($H + h$).

Si alors on fait $\delta = 0$, on aura de même
($H + h$) pour la plus grande longueur de la
hausse perpendiculaire à l'axe de la pièce, comme
nous l'avons déjà obtenue à l'aide des formules
(m') et (d).

On obtiendroit également la plus grande longueur qu'il faudroit donner à la hausse de M. de
Gribeauval, en substituant pour δ la valeur
de l'angle qu'elle fait avec le rayon de la plate-
bande de la culasse et qui détermine sa position
dans le plan de mire ; elle conviendroit alors
à tous les cas qui peuvent se présenter en campagne entre les limites des portées, tandis qu'elle
est insuffisante pour pointer à la hauteur de
l'objet, à la portée de 500 toises, lorsque les deux
roues sont de niveau différent, puisque sa longueur actuelle a été déterminée pour cette portée
lorsque les deux roues de la pièce étoient à peu
près de même niveau, et qu'elle doit être plus
grande lorsque le terrain est incliné d'une roue
à l'autre d'après la quatrième propriété, qui est
commune à toute espèce de hausse mobile fixée
à la culasse.

Si l'on donne à l'angle δ toutes les valeurs dont
il est susceptible depuis zéro jusqu'à sa plus
grande valeur, qui a pour limite l'angle que la
ligne de mire naturelle fait avec le prolongement
du rayon du cercle le plus élevé de la plate-bande

de la culasse, on aura pour H' une suite de
degrés qui représenteront les plus grandes longueurs de toutes les positions de la hausse dans
le plan de mire ; mais la plus petite de toutes ces
longueurs exigera moins d'entaille dans la culasse et sera moins fragile. Il pourroit donc être
utile d'en déterminer la grandeur et la position
Le calcul des minima donne la solution de cette
question ; mais on peut également la résoudre à
l'aide de la simple géométrie.

La relation qui existe entre $H + h$ et H' dans
la formule n° 3, exprime que la hausse perpendiculaire à l'axe de la pièce et les différentes
espèces de hausse que l'on obtient en faisant
varier l'angle δ depuis zéro jusqu'à sa plus grande
valeur, partent toutes d'un même point M (*fig.*
4, *Planche II*), et qu'elles aboutissent à une
ligne de mire commune B h ; que la première
valeur de H' est égale à $(H + h)$, et que la dernière
a pour limite la partie de la ligne de mire naturelle B M, comprise entre les points saillans des
cercles les plus élevés de la culasse et du bourlet ;
mais ces deux valeurs font entre elles un angle
obtus ; donc elles font chacune un angle aigu
avec la ligne de mire commune B h ; par conséquent si de leur point de réunion M on abaisse
une perpendiculaire M P sur cette ligne de mire,
elle partagera en deux l'angle B M h qu'elles
forment entre elles ; donc elle représentera une
des longueurs de H' correspondantes aux diffé-

rentes valeurs de l'angle δ, puisqu'elle sera comprise entre leurs limites, et elle sera en outre la plus petite longueur cherchée, car toutes les autres seront des obliques. Il en résulte donc ce principe pour la construction de la hausse M :

« De toutes les hausses mobiles que l'on peut
» fixer à la culasse pour qu'elles satisfassent à
» tous les cas qui peuvent se présenter en cam-
» pagne, la plus petite est celle qui est perpen-
» diculaire à la ligne de mire qui correspond
» aux plus grandes limites des portées et de l'in-
» clinaison du terrain d'une roue à l'autre. »

Par conséquent une hausse d'une longueur quelconque, qui seroit oblique par rapport à la plus élevée de ces lignes de mire, pourroit être remplacée par une autre qui seroit perpendiculaire à cette ligne; et la nouvelle hausse que l'on obtiendroit ainsi donneroit les mêmes portées que la première, et elle seroit plus petite et peut-être plus avantageuse.

La position de la plus petite longueur de la hausse étant déterminée par rapport à la ligne de mire, les formules (s) et (n° 3) donnent les moyens d'en calculer la grandeur et de trouver la valeur de l'angle qu'elle fait avec le prolongement du rayon r du cercle le plus élevé de la plate-bande de la culasse, car les triangles rectangles P M h et C h S″ ayant un angle aigu de commun en h, les deux autres angles aigus de ces triangles sont égaux : et comme l'angle h M P est une des valeurs

de l'angle δ, ce dernier angle est alors égal à
C S''h, et par conséquent il est connu, puisqu'on
a, d'après la formule (s),

$$\sin. C S'' h = \frac{R (H + h + r - r')}{\sqrt{(H + h + r - r')^2 + l^2}}.$$

Donc, en substituant cette valeur de l'angle δ
dans la formule n° 3, on aura la plus petite
longueur cherchée : on en connoît d'ailleurs
la position dans le plan de mire, puisqu'on a
l'angle h M P qu'elle fait avec le prolongement
du rayon r; donc cette longueur est entièrement
déterminée; et si la formule n° 3 nous apprend
que la hausse pour une même portée doit être
plus grande lorsque les deux roues sont de niveau
différent, que lorsqu'elles sont de même niveau,
elle nous fait connoître aussi la position qu'elle
doit avoir pour que sa longueur soit la plus
petite possible.

En analysant les valeurs de H' et de b correspondantes aux portées depuis le but en blanc
jusqu'à 500 toises, et aux inclinaisons du terrain
depuis le cas où les deux roues sont de même
niveau jusqu'à la valeur de l'angle d', où la pièce
ne peut plus rester en batterie, les formules n° 3 et
n° 4 nous ont donné les propriétés des degrés de
hausse et des déviations correspondantes du
boulet pour les usages ordinaires des pièces de
campagne, et nous avons négligé celles qui résul

tent des valeurs des portées et de l'angle d'au-delà de leurs limites comme étant d'une moindre importance, puisqu'elles n'ont jamais lieu dans la pratique ; cependant ces formules sont générales et conviennent à toutes les portées et à toutes les valeurs de l'angle d'.

Lorsque l'on fait varier les portées jusqu'à l'infini et que l'on donne à l'angle d' la valeur qu'il peut avoir au-delà de sa limite fixée par l'équation (d) jusqu'à 90° exclusivement, à droite et à gauche de la verticale, au-dessus de l'horizontale, et qui renferment toutes les inclinaisons possibles du terrain, on obtient pour H' et pour b des résultats semblables à ceux que nous avons déjà analysés. « Donc les propriétés des degrés de hausse et des déviations correspondantes du boulet sont les mêmes pour toutes les portées et pour toutes les inclinaisons du terrain d'une roue à l'autre. »

Mais lorsque l'on suppose que la pièce fait une révolution autour de son axe, l'angle d' devient égal à un angle droit cos. $d' = o$, $h = \infty$ et on a :

$$H' = \frac{l\,R}{\sin. \delta} \text{ et } b = \infty.$$

Comme ces expressions sont différentes de toutes celles que nous avons obtenues jusqu'à présent, elles nous apprennent que la hausse jouit alors de nouvelles propriétés : or, la valeur de H' donne cette proportion :

$$R : \sin. \delta :: H' : l.$$

Donc elle est l'hypothénuse d'un triangle rectangle, dont l'un des côtés adjacens à l'angle droit est représenté par l et dont l'angle aigu opposé à ce côté est égal à l'angle δ et en construisant ce triangle dans le plan de mire, où il a lieu sur les deux côtés de l'angle δ qui est connu de grandeur et de position, et dont le sommet est en M (*fig.* 4, *Pl. II*), il nous fait voir que le point B', le plus élevé de la hausse H', est alors éloigné de la direction du rayon r de la quantité l; mais le bouton du bourlet est distant de cette direction, de la même quantité, puisqu'on a : B R $=$ C D $=$ B' R' $= l$; donc la ligne de mire qui passe par ces deux points est partout à égale distance du rayon du cercle le plus élevé de la plate-bande de la culasse ; donc elle est parallèle à ce rayon, et par conséquent perpendiculaire à l'axe de la pièce ; et comme cet axe est la commune intersection du plan de mire de la hausse H' et du plan vertical de mire, et que ces deux plans se coupent à angle droit, puisque cos. $d' = o$, il en résulte qu'elle est aussi perpendiculaire au plan vertical de mire ; que par conséquent elle est parallèle au plan vertical du but et qu'elle ne le rencontre qu'à l'infini ; mais l'horizontale qu'on meneroit dans ce plan par le point de rencontre, et celle qui passeroit dans le même plan par le point frappé par le boulet, seroient toutes deux perpendiculaires au plan vertical de mire ; elles seroient en outre parallèles entre elles et à la ligne de mire : donc ces trois lignes se rencontreroient au même point à une distance infinie du vrai but. Ainsi la valeur de h' nous apprend que lorsque cos. $d' = o$, le point visé est à hauteur du but, mais à une distance infinie ; ce qui s'accorde avec la valeur de b, qui donne la déviation correspondante du boulet égale à l'infini. « Donc il est impossible de se servir de la hausse pour diriger le tir, lorsque le plan qu'elle détermine avec l'axe est perpendiculaire au plan vertical de mire ; ce qui a lieu lorsque la pièce est entièrement renversée sur le côté et que l'axe des tourillons est dans un plan vertical. » Vérité générale pour toutes les positions de la hausse, et que les équations (m) et (n) nous ont fait également reconnoître pour le cas où elle est perpendiculaire à l'axe de la pièce.

Si l'on continue à faire mouvoir la pièce autour d'elle-même, les valeurs de d' que l'on obtient au-delà de 90°, jusqu'à trois angles droits au-dessous de l'horizontale, donnent des expressions négatives pour h et prouvent que la hausse doit alors se mouvoir en sens contraire, et que son usage est impossible. Cette conséquence est particulière à sa position perpendiculaire à l'axe de la pièce ; mais les valeurs correspondantes de H' nous font voir qu'elle est générale et qu'enfin « la hausse mobile fixée à la culasse ne peut pas servir à diriger le tir lorsqu'elle est au-dessous de l'horizontale , qui passe par son pied , » ce qui est d'ailleurs évident : car , en donnant alors des degrés de hausse , la ligne de mire s'élève au-dessus de l'axe de la pièce , et par conséquent elle ne rencontre jamais la trajectoire , et ne peut servir à pointer sur l'objet frappé par le boulet.

Si l'on retranche la valeur particulière (u) de H' de sa valeur générale (v), et qu'on suppose que tout reste égal d'ailleurs , excepté l'angle d', on aura la différence H' h' (*fig.* 4, *Pl. II*) des longueurs de la hausse correspondantes aux positions de la pièce pour une même portée, sur un terrain horizontal, et sur un terrain incliné d'une roue à l'autre ; et en appelant h' cette différence et en représentant par A' le rapport de (H $+$ h) à H, on obtiendra :

$$h' = l \, \mathrm{R} \left(\frac{\mathrm{A'\,H}}{(\mathrm{A'\,H} + r - r') \sin. \delta + l \cos. \delta} - \frac{\mathrm{H}}{(\mathrm{H} + r - r') \sin. \delta + l \cos. \delta} \right) \ (\mathrm{M})$$

équation générale des accroissemens des degrés de hausse ; et effectivement les triangles semblables B E S' , C' H' S' et B E S'' , C' h' S'', donnent la même valeur pour H' h'.

Cette formule s'accorde aussi avec l'équation (m), qui n'en est d'ailleurs qu'un cas particulier, et leur analyse conduit aux mêmes conséquences, et prouve que celles que nous avons déjà déduites de l'équation (m) conviennent à toutes les positions de la hausse dans le plan de mire.

En effet, lorsque cos. $d' = $ R, on a : $h = o$, et il en résulte de même $h' = o$, et lorsque cos. $d' = o$, $h = \infty$ et

$$h' = \frac{l\,\mathrm{R}}{\sin. \delta} - \frac{l\,\mathrm{R\,H}}{(\mathrm{H} + r - r')\sin. \delta + l\cos. \delta}$$

et cette valeur de h' prouve aussi, comme celle de h, que l'usage de la hausse est alors impossible ; car le premier terme nous apprend que la ligne de mire ne rencontre le point visé qu'à une distance infinie du but, comme nous l'avons vu dans l'examen des valeurs de H′ pour les portées et les grandeurs de l'angle d' au-delà de leurs limites ; le terme négatif représente la longueur M H′ de la hausse lorsque les deux roues de la pièce sont de même niveau, et il ne change rien à la position de la ligne de mire ; donc la conséquence reste la même, et par conséquent les valeurs de h et de h' font voir de la même manière qu'il est impossible de se servir de la hausse lorsque cos. $d' = o$.

Pour les valeurs de l'angle d' au-dessous de 90°, à droite et à gauche de la verticale et au-dessus de l'horizontale, les degrés H et leurs accroissemens h sont réels et positifs, d'après les formules (m') et n° 3 ; et on a constamment la même expression (M) pour toutes les portées et toutes les inclinaisons possibles du terrain d'une roue à l'autre ; par conséquent, les valeurs correspondantes de h' pour une même portée augmentent avec Λ', par les mêmes raisons que celles de H' dans l'équation (v) croissent avec Λ, et parce qu'alors H et le terme négatif restent constans ; mais le rapport Λ' pour une portée quelconque croît avec h, puisque H ne varie point ; donc les valeurs de h' suivent celles de h ; donc elles sont d'autant plus grandes, que la portée et l'angle d' sont plus considérables, d'après l'analyse de l'équation (m) ; et comme les valeurs de b, qui correspondent à celles de h', conviennent également aux accroissemens h, on en déduit enfin cette proposition générale, qui renferme toutes les propriétés de la hausse, et que l'équation (m) nous a déjà fait connoître pour le cas particulier auquel elle appartient.

« Lorsque la pièce passe d'une position hori-
» zontale à une position inclinée d'une roue à
» l'autre, et que la portée reste la même, les ac-
» croissemens des degrés de la hausse dans toutes
» les positions qu'elle peut occuper dans le plan
» de mire, et les déviations correspondantes du
» boulet sont d'autant plus considérables, que la
» distance de l'objet au-delà du but en blanc et la
» différence du niveau des roues sont plus grandes.»

Par conséquent, les Tables du tir qui ont été établies pour la hausse mobile fixée à la culasse, ne sont exactes que pour une seule position de la pièce; et comme elles sont le précis d'expériences faites dans nos écoles sur un terrain à peu près de même niveau, « elles doivent produire des effets satisfaisans sur un terrain horizontal, et donner de faux résultats sur un terrain incliné d'une roue à l'autre.» L'expérience confirme cette conséquence, qui explique d'ailleurs cette irrégularité observée dans le tir des pièces de campagne, qu'à la même distance, avec la même poudre et chargée de la même manière, une pièce donne souvent plus bas au second coup qu'au premier, quoiqu'elle ait été pointée avec un degré de hausse plus considérable, *et vice versâ;* ce qui paroît paradoxe, d'après la propriété générale de la hausse, d'abaisser ou d'élever la volée selon la distance et le principe reconnu, que plus on donne de lignes de hausse, plus on abaisse la culasse et plus on élève le coup. Mais les formules ci-dessus nous font voir que ce principe n'a lieu que lorsque les deux roues restent de même niveau, et qu'il éprouve des modifications lorsque l'on passe d'une position quelconque à une position plus inclinée, quoique la distance reste la même. En effet, si pour une position de la pièce sur un terrain quelconque, il est nécessaire de donner six lignes de hausse pour atteindre l'objet, en sup-

posant la pièce au second coup sur un terrain
plus incliné d'une roue à l'autre, elle exigera une
élévation de hausse plus considérable pour frapper
à la même hauteur, quoique la distance reste la
même : si donc l'inclinaison du terrain se trouve
telle qu'elle exige huit lignes de hausse, et qu'on
n'en donne que sept, on obtiendra un coup plus
bas que le précédent, et cependant on aura
donné une ligne de hausse de plus à ce second coup. L'inverse aura également lieu lorsque la pièce prendra une position sur un terrain
moins incliné, et avec moins de lignes de hausse
il pourra arriver qu'on obtienne un coup plus
élevé, toutes choses restant égales d'ailleurs.

22. La théorie ne faisant point connoître ces par-
ticularités du tir sur un terrain incliné, le canonnier est obligé en campagne de recommencer ses
tâtonnemens pour chaque position, et, étonné
d'obtenir à la même distance et avec les mêmes
lignes de hausse des effets différens, et quelquefois
contraires à ses observations, il abandonne souvent
le tir au hasard, ou passe son temps en épreuves
inutiles. Il est donc essentiel de lui donner alors le
moyen de le guider pour diriger sa pièce, et
obtenir autant que possible des effets satisfaisans.
Or, les formules n° 3 et n° 4 nous enseignent que
lorsque le terrain est horizontal, l'accroissement
du degré de la hausse et la déviation du boulet
sont nuls, et que ces quantités sont d'autant plus
grandes, que la portée est plus considérable, et

que le terrain est plus incliné d'une roue à l'autre.
On en déduit donc cette règle de pointage pour les
pièces de la deuxième classe à bouton de mire et
à hausse mobile fixée à la culasse.

III. « Si les deux roues sont de même niveau,
» le canonnier dirigera sa pièce directement au
» but, en donnant les lignes de hausse prescrites
» par les tables.

» Si l'une des deux roues est plus basse que
» l'autre, il augmentera ces lignes de hausse, et
» pointera à droite ou à gauche du but, du côté de
» la roue la plus élevée, et cela d'autant plus,
» que la portée sera plus grande, et que la diffé-
» rence des niveaux des roues sera plus consi-
» dérable. »

D'où il résulte aussi que, lorsqu'on change de
position sans altérer sensiblement la distance du
but, les lignes de hausse qui auront donné des
coups satisfaisans pourront servir à pointer dans
les positions suivantes, en ayant le soin de les
augmenter ou de les diminuer selon que le terrain,
dans le sens des roues, sera plus ou moins incliné
dans la seconde position que dans la première.

Ces principes serviront de guide au canonnier dans la série de ses tâtonnemens, lorsque
les formules précédentes feront connoître à
l'officier les lignes de hausse et les déviations
du boulet, correspondantes à chaque inclinaison
du terrain d'une roue à l'autre, et compléte-
ront l'art de pointer à l'aide de la hausse de

M. de Gribeauval, qui n'étoit exacte que sur un terrain horizontal. Nous avons prouvé ainsi que cette hausse n'abandonne rien au hasard, qu'elle convient à toutes les portées et à toute espèce de terrain ; que dès lors elle est supérieure à tout ce qu'on a inventé jusqu'à ce jour.

23. *Analyse du tir des pièces de la troisième classe, qui ne présentent aucun point fixe pour déterminer la ligne de mire.*

IV. « Pour pointer ces-pièces, le canonnier » qui est aux leviers de pointage , doit déter- » miner d'un coup d'œil les points les plus élevés » de la culasse et du bourlet , et diriger sur » l'objet la ligne qui passeroit par ces deux » points. »

S'il a bien déterminé les points saillans, et si l'objet est à la distance du but en blanc, le boulet frappera le point visé , quelle que soit d'ailleurs l'inclinaison du terrain d'une roue à l'autre ; car alors la ligne de mire est toujours dans le plan vertical, passant par l'axe où se fait le mouvement du boulet.

Mais lorsque l'objet est au-delà du but en blanc, comme il faut baisser la culasse pour que le boulet l'atteigne, il se trouve caché par la volée, et le canonnier ne peut plus diriger la pièce de manière que la ligne des deux points les plus élevés de la culasse et du bourlet aille directement à l'objet : on se sert alors de divers moyens pour obtenir la ligne de mire , entr'autres, de la hausse mobile et graduée, et du quart de cercle ou du coin.

V. « Si le terrain est horizontal, on pointe
» d'abord de but en blanc , et on donne ensuite
» les degrés à l'aide de la hausse ou du quart de
» cercle , et la pièce est pointée aussi exactement
» que possible ; le boulet se trouve toujours dans
» le plan vertical de mire.

» Si le terrain est incliné d'une roue à
» l'autre, comme la hausse mobile et graduée
» est alors indépendante de la pièce, on la
» place, autant que possible , sur le point le plus
» élevé de la culasse, et on dirige le tir en
» pointant à l'aide de la visière de la hausse,
» qu'on met à la hauteur prescrite par les tables ,
» et à l'aide du point le plus élevé du bourlet ,
» qu'on détermine d'un coup d'œil, comme dans
» le premier cas, ce qui donne ainsi la ligne de
» mire vraie, qui sert à diriger la pièce. »

La formule générale de la hausse n° 3 nous apprend aussi que cette règle de pointage que l'on suit ordinairement , est sujette à une autre erreur indépendante de celle qui résulte de la fausse détermination des points saillans , et qu'il faut que le pointeur ait en outre le soin de placer la hausse de manière qu'elle fasse constamment le même angle avec le rayon du cercle le plus élevé de la plate-bande de la culasse ; car cette formule nous fait connoître que pour une même portée les degrés de la hausse varient avec sa position dans le plan vertical de mire ; par conséquent si la hausse pour le second coup n'est pas dans la même position que lors du premier coup, les degrés et la portée restant les mêmes, la ligne de mire sera différente, et le boulet n'atteindra plus le même point ; et comme la hausse dont on se sert régulièrement a les mêmes divisions que celle qui est fixée à la culasse, il faudroit alors la mettre constamment dans la position que cette dernière hausse occupe dans le plan de mire : difficulté qui, jointe à celle que l'on éprouve pour juger d'un seul coup d'œil de la position des points saillans, rend incertain l'usage de la hausse mobile et indépendante de la pièce.

24. Mais si l'on donne les degrés avec le quart de cercle ou avec le coin, on n'obtiendra des résultats exacts que lorsque les deux roues seront de même niveau. En effet, si le terrain est horizontal d'une roue à l'autre (*fig.* 5, *planche II*), le plan vertical de mire se confondra avec le plan où se meut l'axe de la pièce, et qui est perpendiculaire à l'axe des tourillons. B C''' A'' sera leur intersection commune avec le plan vertical du but : en donnant alors les degrés correspondans à la distance de l'objet, le pied de l'axe et le point où doit frapper le projectile s'élèveront suivant cette même intersection B C''' M', et si le boulet frappoit en B lorsque la pièce étoit pointée

de but en blanc, lorsqu'on aura donné les degrés il frappera le point visé M'.

Mais si le terrain est incliné dans le sens des roues, le plan perpendiculaire aux tourillons, où l'axe se meut, sera aussi incliné avec le vrai plan de mire d'un angle égal à l'angle d' ; le pied de l'axe restera toujours sur sa trace C''' A''' dans le plan vertical du but, quel que soit le mouvement que l'on fasse faire à la pièce à l'aide de la vis de pointage autour des tourillons : donc, si on pointe d'abord en M', comme dans le premier cas, toutes choses restant égales d'ailleurs, le pied de l'axe se trouvera encore en C''' ; mais si on donne ensuite les degrés à l'aide du quart de cercle ou du coin, le pied C''' se mouvra suivant la trace C''' A''', et s'éloignera d'autant plus de sa première position C''', que l'inclinaison du terrain et la distance de l'objet seront plus considérables, et il arrivera enfin en un point A''', qui correspondra au nombre de degrés donnés par les tables ; mais comme le boulet se trouve toujours dans le plan vertical passant par l'axe, en tirant la pièce dans cette position, elle frappera en un point B', qui ne sera plus l'objet visé, et qui en sera à droite ou à gauche, dans le sens de l'inclinaison du terrain ou du côté de la roue la plus basse, et d'autant plus que la roue sera plus basse et la portée plus grande.

Donc le quart de cercle et le coin ont des défauts

semblables à ceux de la hausse mobile fixée à la culasse, et n'ont pas ses avantages, et en donnant la hauteur, leurs défauts augmentent aussi avec la portée et l'inclinaison du terrain.

Donc, plus la portée où l'on veut atteindre et l'inclinaison du terrain d'une roue à l'autre sont considérables, et plus la déviation du projectile est grande dans le sens de la roue la plus basse, puisque le plan du mouvement de l'axe de la pièce s'incline dans le même sens que le terrain.

D'où on déduit cette règle de pointage pour tirer une pièce à l'aide du quart de cercle ou du coin en campagne, et particulièrement l'obusier.

VI. « Si les roues sont de même niveau, il » faut d'abord pointer directement à l'objet, et » donner ensuite les degrés.

» Si l'une des deux roues est plus basse que » l'autre, il faut pointer à droite ou à gauche de » l'objet du côté de la roue la plus basse, et cela » d'autant plus, que cette roue est plus enfoncée » et la portée plus considérable, et donner ensuite » les degrés. »

25. Ces déviations de l'obus sont indépendantes des erreurs que l'on peut commettre en jugeant mal de la position des points les plus élevés de la plante-bande et de la volée, que l'on suppose avoir été déterminés exactement par l'œil du pointeur; et ces erreurs, en faisant dévier la ligne de mire, peuvent être considérables, et comme elles varient à chaque coup, suivant l'habileté du

canonnier, et qu'elles ne peuvent être soumises à aucune règle générale, si on traçoit sur les obusiers une ligne de mire fixe, comme celle de la visière et du bouton, les déviations seroient de moins d'importance; on auroit d'ailleurs avec précision l'erreur que produiroit alors chaque inclinaison du terrain d'une roue à l'autre; les fautes seroient moins considérables et constamment les mêmes. Le canonnier trouveroit dans la règle ci-dessus un guide certain pour diriger ses tâtonnemens, et le tir, à l'aide du quart de cercle ou du coin, seroit aussi juste que possible. Ces lignes de mire fixes donneroient en outre de résultats exacts dans les siéges, où les obusiers et les pièces sont sur des plates-formes.

OBSERVATIONS

Sur l'influence de l'inclinaison de la ligne de mire avec l'horizontale sur les différentes portées de toutes espèces de canons, et PRINCIPES qui en résultent pour diriger le tir sur un terrain qui s'élève ou s'abaisse devant la pièce.

---

26. Pour calculer exactement toutes les erreurs qui naissent des différentes manières de pointer, les formules n°s 1, 2, 3 et 4 supposent chacune la connoissance des portées et des degrés correspondans ; mais l'expérience ne les a déterminées que pour une seule position de la vraie ligne de mire, dans le cas où elle est sensiblement horizontale, et que le but est à peu près de même niveau que la pièce ; cependant elles varient avec l'inclinaison de cette ligne, et plus le terrain où se trouve l'objet est élevé au-dessus de la pièce, et moins elles sont grandes ; et plus il en est au-dessous, et plus elles sont considérables. En effet, la force motrice du boulet agissant suivant l'axe, et la pesanteur suivant la verticale, le boulet, dans un instant quelconque, suit la diagonale du parallélogramme construit sur deux directions parallèles à ces lignes, et avec des côtés qui re-

présentent ces deux forces, quelle que soit leur nature; et si on incline la ligne de mire, toutes choses restant égales d'ailleurs, le boulet suivra encore la diagonale du parallélogramme, construit semblablement, et dont les côtés seront les mêmes pour le même instant que dans le cas précédent. La diagonale du second rectangle partagera alors l'angle des directions des deux forces, de la même manière que la diagonale du premier rectangle; c'est-à-dire que si, dans le premier cas, cette diagonale fait avec l'axe un angle égal à un quart de l'angle des directions des deux forces, elle fera également, dans le second cas, avec ce même axe un angle égal au quart de l'angle des nouvelles directions de ces deux forces; mais plus la ligne de mire est inclinée au-dessous de l'horizontale, plus l'angle de ces directions est petit: donc, plus la diagonale est près de l'axe dans chaque instant correspondant; donc plus la trajectoire en est proche dans toute son étendue, et par conséquent plus elle s'éloigne de la ligne de mire qui fait constamment le même angle avec l'axe, et plus elle est élevée aussi au-dessus de cette ligne, au-delà du premier but en blanc; donc plus le second but en blanc est éloigné, la position du premier but ne variant point d'ailleurs, puisque la déviation est regardée comme nulle dans les premiers instans, quelle que soit l'inclinaison de la pièce; donc, enfin, plus les portées de but en blanc naturel et de la hausse sont considérables, jusqu'à ce que la ligne de mire, en s'abaissant, devienne verticale : et alors elles seroient les plus grandes possibles.

Par la même raison, plus la ligne de mire s'élève au-dessus de l'horizontale, plus le segment de la trajectoire au-dessus de la ligne de mire diminue, et moins le second but en blanc est éloigné du premier, et moins la portée est grande jusqu'à ce que l'axe soit vertical, et alors les deux buts en blanc se confondent ; la portée est la plus petite possible, et à cette limite et au-delà la ligne de mire ne peut plus servir.

D'après ces observations, on est porté à conclure que les positions les plus élevées sont les plus avantageuses. Cette conséquence est généralement vraie, mais elle éprouve des modifications dans la pratique, à cause de la variété des formes du terrain : elle est applicable dans toute son extension lorsque l'ennemi et la pièce sont sur le même penchant ou sur des penchans opposés, à distance de portée ; mais elle éprouve une restriction lorsque l'ennemi est dans un fond, ou en général sur un terrain à peu près horizontal.

Dans le premier cas, où la pièce et l'ennemi sont sur le même penchant, lorsque la pièce est dans la position la plus élevée, sa direction est parallèle à la plus grande pente, puisqu'elle a le plus grand commandement sur une même éten-

due : donc la ligne de mire est plus inclinée
dans cette position que dans aucune autre ; donc
la portée du but en blanc est alors la plus grande
de toutes celles que l'on peut obtenir sur la surface du penchant ; donc il faut moins de degrés
de hausse pour les autres portées : ainsi les coups
sont plus assurés, le boulet s'écarte moins de
l'axe ; et comme la ligne de mire reste toujours
parallèle au terrain, il rase la position de l'ennemi, il est plus susceptible de ricochets, et il
peut encore enlever des files entières, même après
sa chute, et surtout quand on ne tire jamais au-
delà de 500 toises. La position la plus élevée est
donc la plus avantageuse.

Lorsque l'ennemi et la pièce sont sur deux
penchans opposés, comme sur le revers de deux
coteaux ou mamelons, à distance de portée, les
mêmes avantages ont lieu sur chacun de ces deux
revers en particulier ; mais la ligne de mire est
toujours fichante d'un penchant à l'autre, le boulet ne peut plus ricocher, quelle que soit la position qu'on occupe ; et comme les portées sont
d'autant plus grandes que la pièce a plus de commandement, la position la plus élevée a toujours
en outre l'avantage des longues portées : donc elle
est encore préférable dans ce deuxième cas.

Mais si l'ennemi est sur un terrain à peu près
horizontal, dans un fond, dans une plaine ou sur
le plateau d'une hauteur quelconque, plus la
pièce a de commandement, plus la ligne de mire

est fichante, et moins les coups sont rasans, plus le boulet perd de sa faculté de ricocher ; et si la pièce est trop élevée, il ne frappe plus qu'un seul point, il disparoît entièrement dans la terre, et les coups deviennent presque nuls. Il est donc alors préférable de choisir une position plus basse, qui donne au boulet le moyen de produire tout l'effet dont il est susceptible, quoiqu'il rende la portée du but en blanc plus petite. Le commandement de la batterie, dans ce troisième cas, a donc une limite ; et l'expérience prouve que le plus favorable est d'un centième environ de la distance de l'ennemi. On sait l'avantage que M. de Valière tira de cette vérité, lorsqu'il plaça sur la colline d'Hastenbeck des pièces de 8 et de 12, avec lesquelles il rompit un corps de Hessois et d'Hanovriens qui se disposoient à fondre sur nos troupes.

On peut donc établir ce principe :

VII. « Pour obtenir l'effet le plus satisfaisant » d'une batterie, il faut en général choisir une » position élevée.

» Si l'ennemi est sur le même penchant que les » pièces ou sur un penchant opposé à distance de » portée, plus la position sera élevée, plus elle » sera avantageuse.

» Si l'ennemi est sur un terrain à peu près ho-» rizontal, le commandement de la position devra » être d'un centième environ de la distance des » pièces au point à battre. »

Par conséquent, si l'on étoit en batterie dans

un fond et que l'ennemi fût sur une hauteur, on pourroit être exposé aux ricochets et aux enfilades de son artillerie, lorsqu'on ne pourroit y répondre que par des coups fichans. Si l'on avançoit sur le revers de sa position, on obtiendroit des coups plus rasans, mais on auroit toujours à lutter contre les avantages des portées ; et comme elles sont d'autant plus petites que le tir est plus incliné de bas en haut, on pourroit encore, dans cette position, se trouver exposé sous le but en blanc des pièces de l'ennemi, lorsqu'on seroit obligé d'employer des degrés de hausse ; et la distance et la différence des niveaux des deux batteries pourroient être telles, qu'on fût dans la nécessité de tirer à toute volée, c'est-à-dire au hasard, lorsque l'ennemi seroit sûr de ses coups et démonteroit les pièces que l'on dirigeroit contre lui.

27. Il est peu d'officiers qui n'aient beaucoup d'exemples à citer à l'appui de cette conséquence, et qui n'aient même reçu des reproches mal fondés sur la qualité de la poudre et le peu de portée des pièces. Je me permettrai de rapporter une des circonstances où j'ai eu besoin de l'expérience pour détruire ces reproches inconsidérés. A l'affaire de Cifuentès, le général H**, qui commandoit la division, me donna l'ordre de mettre en batterie dans une plaine, pour répondre à l'artillerie de l'ennemi, qui occupoit une hauteur, et qui incommodoit nos mouvemens : je lui observai que mes pièces seroient mieux sur une position élevée, que je lui

montrai sur la gauche ; mais il vouloit appuyer
sa droite de ma batterie , et il me réitéra l'ordre
qu'il m'avoit donné. Comme trop de persévérance
de ma part sous le feu de l'ennemi auroit pu
me nuire, j'obéis, et je fis commencer le feu.
Le général fut étonné du peu de portée de mes
pièces, je lui en exposai la raison ; mais il me
répondit que les boulets de l'ennemi arrivoient
dans nos rangs, et que les nôtres devoient atteindre à la même distance : je lui fis voir que
l'on tiroit avec le dernier degré de hausse , et
que , s'il le désiroit, on tireroit à toute volée ,
mais qu'alors les coups seroient incertains, et il
conclut que la poudre étoit de mauvaise qualité.
Convaincu ainsi du peu d'effet que pouvoit produire ma batterie, il se rendit à mes sollicita-
tions. Je la fis conduire à la position que je lui
avois enseignée, et comme la différence des niveaux étoit peu considérable , les pièces pro-
duisirent l'effet qu'on devoit en attendre.

VIII. « Il résulte donc enfin de ces considéra-
» tions , qu'on ne doit jamais tirer de bas en haut
» que dans des cas d'urgence; et comme alors
» les portées sont moins considérables, il faut
» pour la même distance augmenter les degrés de
» hausse prescrits dans les tables , et d'autant plus
» que la position de l'ennemi est plus élevée au-
» dessus du niveau de la batterie.

» Dans le cas contraire, comme les portées

» sont plus grandes, on aura le soin également
» de diminuer les degrés de hausse. »

28. Pour avoir exactement les quantités dont
on doit augmenter ou diminuer les degrés, suivant
la position de l'objet relativement au niveau de
la pièce, il faudroit qu'on déterminât les portées
pour les principales inclinaisons de la ligne de
mire avec l'horizontale, sur un terrain qui s'élè-
veroit ou s'abaisseroit devant la pièce, comme on
a fait sur un terrain uni et à peu près de même
niveau. Les formules 1, 2, 3 et 4 donneroient alors
pour toutes les formes du terrain, en avant de la
pièce et dans le sens des roues, les moyens de
pointer exactement, et elles compléteroient ainsi la
théorie du tir des pièces de campagne sur un
terrain quelconque.

Applications du tir des pièces de campagne.

29. Les principes du tir des pièces de campagne
sont également applicables à toute espèce d'arme
à feu portative, fusil, carabine, pistolet, etc., et
comme ces armes ont des boutons de mire qui
déterminent le rayon visuel, et le fixent sur le
canon, elles sont dans le cas des pièces à visières
et à bouton de mire. Leur tir est alors déterminé
par les formules n°^{s} 1 et 2, et il n'est exact que
lorsque le rayon visuel se trouve dans le plan
vertical passant par l'axe : donc, toutes les fois
qu'en visant avec ces armes on inclinera le

rayon visuel à droite ou à gauche de ce plan , on commettra une double erreur; la balle frappera au-dessous du point visé à droite ou à gauche, en sens contraire de l'inclinaison. Les formules ci-dessus donneront l'abaissement et la déviation de la balle pour chaque position , en substituant pour les constantes leurs valeurs correspondantes à la nature de l'arme.

Ces calculs pourront servir de guide à l'officier, et l'assurer de la vérité des principes. On en déduira aussi que les erreurs sont d'autant plus considérables , que l'inclinaison du rayon visuel est plus grande , et que le tir n'est exact que lorsque cette inclinaison est nulle ; et par conséquent on doit donner au soldat cette règle de tir pour toutes les armes portatives.

I. « Pour tirer juste, il faut que le rayon visuel » soit d'à-plomb sur le canon , et qu'il ne soit in- » cliné ni à droite ni à gauche. »

Si on est obligé de tirer de bas en haut ou de haut en bas , on suivra en outre le principe que nous avons donné pour les pièces en général.

II. « Plus l'objet visé sera élevé au-dessus de » l'horizontale passant par la culasse , et moins » la portée du but en blanc sera considérable; et » plus l'objet en sera au-dessous, plus cette por- » tée sera grande. »

On pourroit, en élevant l'arme au-dessus de cette horizontale, obtenir des portées très-considérables ; mais la ligne de mire n'aboutiroit plus au point qu'on voudroit frapper, et le tir seroit incertain.

30. On distingue dans le fusil d'infanterie deux lignes de mire, selon que le canon est surmonté ou non de la baïonnette.

La ligne de mire du fusil garni de la baïonnette est moins inclinée sur l'axe, que la ligne de mire lorsque le canon est nu : d'où il suit que le but en blanc est moins éloigné dans ce premier cas que dans le second, et qu'il seroit plus avantageux de tirer sans baïonnette ; mais à la guerre on s'exposeroit alors à de plus grands désavantages en cas de surprise ou d'une charge de cavalerie.

Le but en blanc pour le fusil sans baïonnette est à peu près à la distance de 160 mètres, pendant qu'il n'est qu'à la distance de 100 mètres environ, pour le fusil surmonté de la baïonnette ; ce qui indique que lorsque l'objet est à la distance de 160 mètres, il faut viser par la ligne de mire du fusil sans baïonnette, tandis que s'il est garni de sa baïonnette, il faudra que l'objet de 60 mètres ne soit plus distant que de 100 mètres.

31. D'après la nature du segment de la trajectoire par la ligne de mire, et la position de ces deux lignes, il résulte encore ce principe.

III. « Toutes les fois que l'objet sera au-delà » des limites des portées de but en blanc, il fau-

» dra viser au-dessus pour l'atteindre , et lorsque
» ce même but sera en-deçà, il faudra viser au-
» dessous. »

L'expérience a prouvé que , pour atteindre un but éloigné d'environ 350 mètres, il faut viser sans baïonnette à 270 centimètres environ au-dessus de ce but, et à 340 environ si le fusil est garni de sa baïonnette. La portée de la balle est d'environ 300 mètres lorsque le fusil est sans baïonnette, et que la ligne de mire, placée horizontalement, est élevée au-dessus du plan horizontal de 160 centimètres à la hauteur de l'épaule environ. Si le fusil est garni de sa baïonnette, cette portée n'est que de 260 mètres à peu près. La portée moyenne du fusil est entre 220 et 250 mètres.

TROISIÈME PARTIE.

Du tir des pièces de siége.

Comme on ne met jamais en batterie les pièces de siége que sur une plate-forme, les deux roues sont toujours de même niveau. La visière et le bouton de mire sont alors constamment dans le plan vertical passant par l'axe, et donnent au canonnier un guide certain et invariable pour obtenir la direction. Les coups suivans lui assurent la hauteur et la justesse du tir; il vise au-dessus ou au-dessous de l'objet, selon les résultats qu'il obtient, en abaissant ou en élevant la culasse. Si la distance est trop considérable, il se sert de la hausse mobile et graduée, qu'il applique sur la visière ou sur le point le plus élevé de la plate-bande, et il vise à l'aide du nombre de degrés correspondans à la distance et du bouton de mire du bourlet; ce qui assure d'une manière constante l'effet de la pièce, dont l'éloignement au but peut être d'ailleurs calculé exactement; et la formule générale n° 3, d'après ce que nous avons vu, *page* 90, nous apprend encore que la théorie seroit alors complète, et ne laisseroit rien à désirer, si la hausse mobile étoit fixée à la culasse de la pièce.

Du tir de l'obusier.

(*Voyez pag.* 12 et 69.)

Du tir du Mortier.

Le tir du mortier a pour base les mêmes principes que celui du canon ; c'est-à-dire que, pour bien diriger un mortier, il faut que le bombardier le place de manière que le plan vertical passant par l'axe, partage par le milieu l'objet qu'on veut atteindre, puisque le mouvement de la bombe, comme celui du boulet, se fait toujours dans ce plan : or, nous avons vu, dans le tir du canon, que lorsqu'une pièce est placée sur un terrain de niveau, et que les deux roues ne sont pas plus élevées l'une que l'autre, la visière ou la lumière et le point de mire servoient à établir la direction du canon. Le mortier étant toujours sur une plate-forme bien de niveau, on se sert également de la visière, de la lumière et du bouton de mire pour en déterminer la direction. Cependant, comme cette bouche à feu doit toujours être pointée sous une grande inclinaison, le bombardier ne peut pas, dans cette position, comme dans le tir du canon, établir la ligne de mire, en dirigeant, par deux des points désignés ci-dessus, une ligne droite, qui de son œil iroit aboutir au but ; il est donc nécessaire de recourir à un autre moyen.

« Le bombardier se place alors à quelques pas
» en arrière du mortier, et lui fait face, et prend
» un fil à-plomb très-fin de la main droite, et
» et il l'élève de manière à le placer vis-à-vis l'œil
» droit, et à ce qu'il partage le but par le milieu,
» et qu'il divise aussi la plate-forme à peu près
» en deux parties égales; il fait ensuite placer
» le mortier par les servans, de manière que le
» fil à-plomb qu'il a soin de conserver, toujours
» dans la même position, passe par la lumière et
» par le point de mire, et le mortier est ainsi
» pointé dans la direction; car il est certain
» alors que l'axe, et par conséquent la ligne
» de tir que décrit le milieu de la bombe, est
» dans le plan vertical passant par le milieu de
» l'objet qu'on veut atteindre.

» Mais le mortier n'étant ordinairement em-
» ployé que dans les siéges, soit pour l'attaque,
» soit pour la défense, on le met toujours der-
» rière un épaulement de 7 à 8 pieds de hauteur
» au-dessus du niveau de la batterie. Cet épau-
» lement cache au bombardier le but qu'il doit
» atteindre, et l'empêche de donner au mortier la
» direction; on remédie à cet inconvenient en
» traçant sur le parapet de la batterie la direction
» dans laquelle on doit tirer. Pour y parvenir,
» le bombardier monte sur le mortier, de manière
» à découvrir le but, et au moyen du fil à-plomb
» il détermine un alignement partant du mortier

» et passant par le but : pendant ce temps, un
» servant monte sur l'épaulement, y plante dans
» le même alignement, au moyen des signes que
» lui fait le bombardier, deux fiches verticales,
» l'une, à la crête intérieure, et l'autre à la crête
» extérieure. La direction dans laquelle on doit
» tirer est alors visible pour ceux qui sont dans
» la batterie, et on place l'axe du mortier dans
» cette direction des fiches, et par conséquent
» du but, au moyen du fil à-plomb, comme il
» a été expliqué ci-dessus. »

La bombe est ainsi lancée dans la direction
de l'objet ; mais pour qu'elle l'atteigne, et pour
compléter le tir du mortier, on emploie deux
moyens :

« Le premier consiste à changer l'inclinaison
» du mortier suivant la distance du but à la
» batterie, et d'employer la plus forte charge
» de poudre correspondante à chaque calibre ;

» Le deuxième, à changer la charge pour
» chaque distance, en donnant au mortier l'in-
» clinaison qui procure la grande portée.

» On a adopté le deuxième moyen, qui a l'a-
» vantage d'économiser les munitions : ainsi, en
» donnant la charge correspondante à la distance
» du but à la batterie, il suffira, pour atteindre ce
» but, de placer, à l'aide du fil à-plomb, l'axe du
» mortier dans le plan vertical passant par les
» fiches, et par conséquent par le but, et d'in-

» cliner le mortier, au moyen du quart de cercle,
» à 45 degrés, inclinaison qui donne la plus
» grande portée pour tous les calibres, et qui a
» été déterminée par l'expérience. »

La table ci-après fait connoître les charges correspondantes aux principales portées des différens calibres sous cette inclinaison.

TABLE DU TIR DU MORTIER.

CHARGES.		Degrés.	MORTIERS				OBSERVATIONS.
Livres.	Onces.		de 12 pouces.	de 10 pouces à grande portée.	de 10 pouces à petite portée.	de 8 pouces.	
«	5	45	«	«	«	165 toises.	La poudre qui a donné ces portées, lançoit le globe de l'éprouvette à 104 toises.
«	10	id.	«,	«	«	395	
«	15	id.	«	«	«	587	
1	«	id.	196 toises.	228 toises.	310 toises.	«	
1	4	id.	«	«	«	641	Il est facile, au moyen de cette table, de connoître les charges qu'il faut employer pour obtenir les mêmes portées avec de la poudre d'une autre qualité.
1	8	id.	331	395	480	«	
2	«	id.	420	530	515	«	
2	8	id.	493	645	634	«	
3	«	id.	612	755	704	«	
3	8	id.	710	«	«	«	
4	«	id.	«	1028	«	«	
5	«	id.	«	1073	«	«	
6	«	id.	«	1112	«	«	

Tout ce que nous avons dit sur les différentes armes à feu suppose la connoissance de la distance où se trouve le but que l'on veut atteindre : cette distance peut s'évaluer dans les siéges par les procédés de l'art ; mais ce moyen ne peut être employé dans le tir des pièces de campagne destinées à agir contre des troupes toujours en mouvement, et qui ne présentent point de but constamment fixe, comme le rempart d'une place ; il en est de même des armes portatives. On ne peut, dans ce cas, employer qu'un coup d'œil bien exercé, pour juger de la distance que l'on veut connoître. Il est nécessaire, pour acquérir ce coup d'œil, de s'exercer à évaluer plusieurs distances, à la vue seulement, et de les rectifier ensuite en se portant vers l'objet dans la même direction, et marchant toujours le pas de deux pieds, auquel tout soldat est accoutumé. Il est surtout essentiel au canonnier de se former par ce moyen une idée précise des distances qui correspondent au but en blanc de chaque calibre, afin de pouvoir juger, dans tous les cas, s'il doit employer la hausse ou pointer au-dessous de l'objet. Il éviteroit ainsi les tâtonnemens qui proviennent de la fausse estimation de la distance, et, à l'aide des principes contenus dans cet *Essai*, il pourroit obtenir, aux premiers coups, sur un terrain quelconque, des effets satisfaisans pour les usages ordinaires de l'artillerie.

FIN.

TABLE

DES MATIÈRES.

FIN DE LA TABLE.

De l'Imprimerie de CELLOT, rue des Gr.-Augustins.

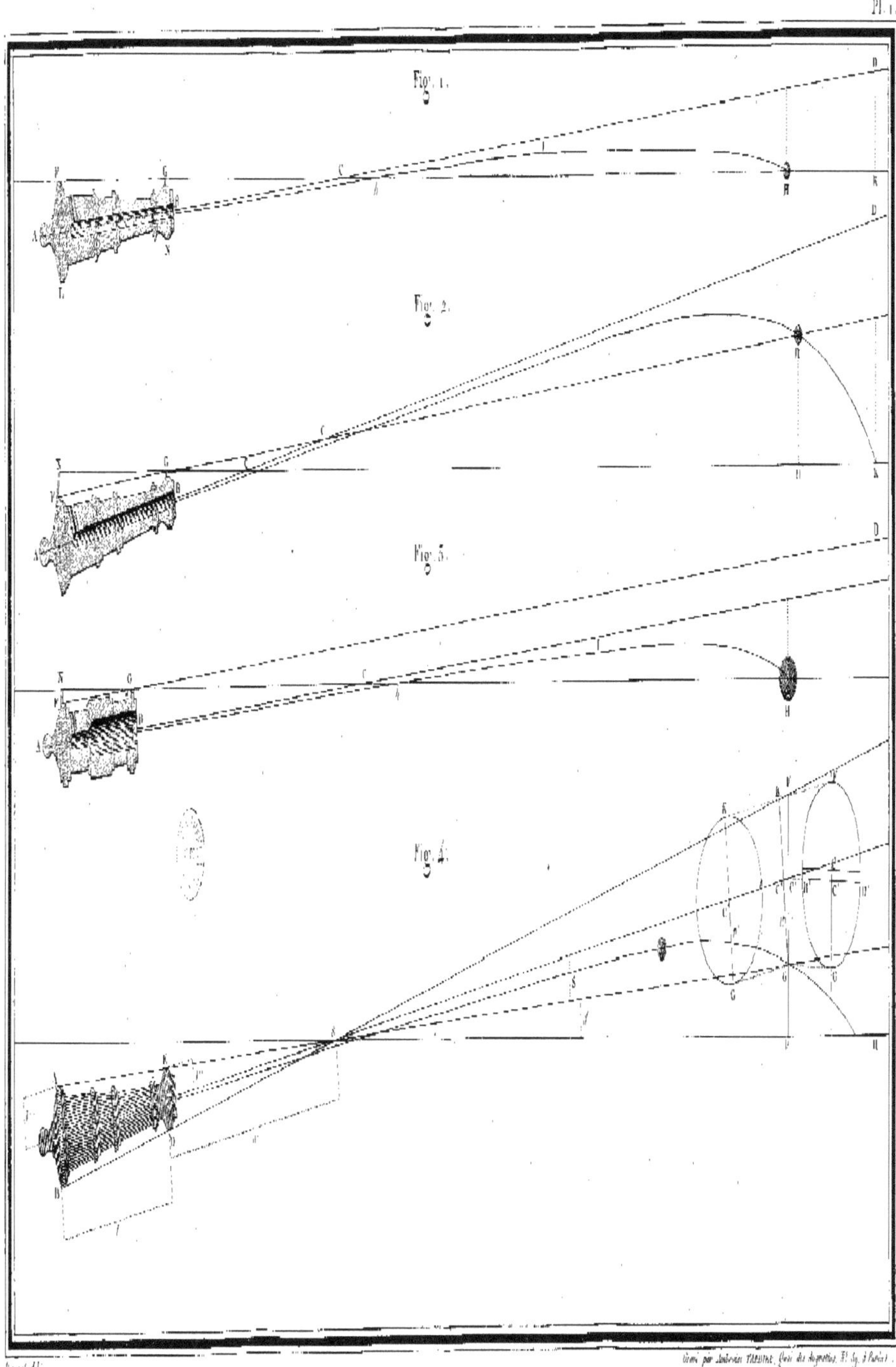

Gravé par Ambroise TARDIEU, Quai des Augustins, N.º 39, à Paris.

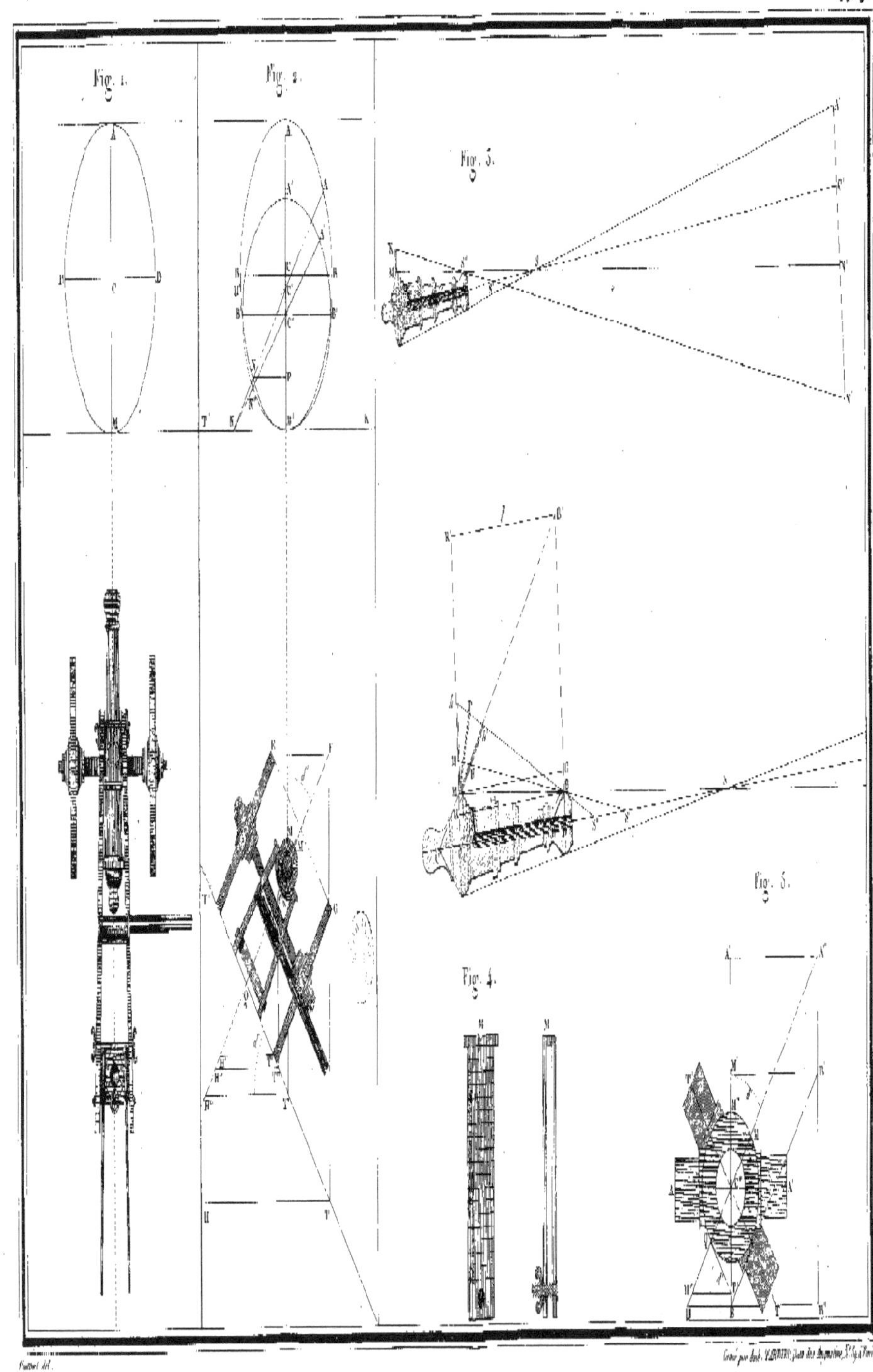

Fig. 1.
Fig. 2.
Fig. 3.
Fig. 4.
Fig. 5.

www.ingramcontent.com/pod-product-compliance
Lightning Source LLC
LaVergne TN
LVHW021835170726
843503LV00003B/943